介護職員に向けた
オンラインメンタルヘルスケア
研修プログラム
に関する研究

―構築・実践・検討―

近藤重晴 著

黎明書房

はじめに

　筆者は，同朋大学社会福祉学部を卒業後に医療法人に就職をし，介護老人保健施設の支援相談員，介護療養型医療施設（現介護医療院）の医療ソーシャルワーカー，居宅介護支援事業所の介護支援専門員，通所介護の管理者として 20 年間，高齢者医療・福祉現場に従事してきた。その中で，介護職員の不足問題に直面し続け，常に介護職員の求人を出し続けていた。

　管理者として施設を運営する中で，学部の知識では難しく感じたため，同大学の大学院博士前期課程にて人間福祉について学び直した。しかし，利用者や職員との人間関係で悩む職員や多くの離職者を目の当たりにしてきたため，こころのケアの必要性を感じ，臨床心理学を学んだ。そして，博士後期課程における本研究へとつながった。

　介護職員の不足問題は社会問題として常に注目をされているものの，制度による抜本的な見直しはあまりされていないのが現状であり，給与面や労働環境面での大幅な改善が難しい状況であると考える。また，介護職員にとって待遇面だけでなく，社会的な評価が低いのも介護職員の仕事に対する意識の低下につながっているのではないかと推察する。

　本研究では，臨床心理学の視点から介護職員の離職要因としてストレスを要因とするバーンアウトに着目をし，介護職員へメンタルヘルスケア研修を実践することでどのような変化が見られるかを検討する。

近 藤 重 晴

目　次

第1章
研究の背景と目的

第1節　研究の背景

　まず，初めに本研究の契機となった介護現場を巡る問題点について述べることにする。

第1項　超高齢社会

　わが国の総人口は，2022年10月1日現在，1億2,495万人，その内65歳以上人口は，3,624万人で高齢化率29.0％である。また，65歳以上人口の内，75歳以上の後期高齢者人口が1,936万人で総人口の15.5％となっており，65歳以上74歳未満の前期高齢者人口の1,687万人（総人口の13.5％）を上回っている（内閣府，2023）。さらに，総人口は前年の2021年の1億2,550万人を下回っている（内閣府，2022）。

　「団塊の世代」が75歳以上の後期高齢者となる2025年には，総人口が1億2,326万人へと減少をし，65歳以上人口は3,653万人へと増加し高齢化率29.6％へと上昇する。また，75歳以上人口も2,155万人へと増加，総人口の17.5％となることが予測されている（内閣府，2023）。

第2項　介護職員

1．介護職員の職種と役割

　介護職員は，介護保険制度における通所介護や短期入所生活介護などの在宅サービスや介護老人福祉施設などの施設に配置され，利用者の日常生活上の支援や介助，入浴や排せつなどの介護全般を業務とする介護職員と訪問介護事業所に配置され，利用者の自宅に訪問して日常生活上の調理や洗濯，居室の掃除，買い物代行などの生活援助や食事，入浴，排せつなどの身体介護などの援助・介護業務を行う訪問介護員の2職種に分けられる。本研究では，この2職種を介護職員とする。

　介護職員は，介護福祉士や介護職員初任者研修修了者などの資格保持者もいるが，資格がなくても業務にあたることが可能である。訪問介護員は，介護福祉士や介護職員初任者研修修了者などの資格保持者が業務にあたっている。

　介護福祉士とは，社会福祉士及び介護福祉士法により，『介護福祉士の名称を用いて，専門的知識及び技術をもって，身体上又は精神上の障害があることにより日常生活を営むのに支障がある者につき心身の状況に応じた介護を行い，並びにその者及びその介護者に

対して介護に関する指導を行うことを業とする者をいう』と定められており，名称独占の資格である。介護職員初任者研修修了者とは，厚生労働省（2018）「介護員養成研修の取扱細則について（平成30年3月30日　老振発0330第1号）」に定められた研修を受講・修了した者である。

２．介護職員の不足問題

2025年度の介護職員の必要人数は約243万人とされているものの，2019年度の介護職員数約211万人から約32万人の増員が必要とされている（厚生労働省，2021）。

佐藤（2018）は，「介護人材の不足の背景には，介護人材需要の大幅な伸びと介護人材の供給が追い付かない現状がある」さらに「介護職の全就労者に占める新規就業者の割合が上がらない背景には景気の動向に左右されやすい点や既に採用率が全産業平均より高い状況，生産年齢人口の減少があり，大幅な伸びが期待できない」と述べており，介護職員の大幅な不足が予測されている。

2040年度の介護職員の必要人数は約280万人とされ，2019年度から約69万人の増員が必要であるとされている（厚生労働省，2021）。「令和3年度介護労働実態調査」では，介護事業所全体の63.0％が介護職員の不足感を感じており，前職を辞めた理由の全体では，「職場の人間関係」が18.8％と最も多いと報告されている（介護労働安定センター，2022）。

2022年の全職業の有効求人倍率は1.16倍であるのに対して，介護関係職種の有効求人倍率は3.71倍と約3.19倍となっている（内閣府，2023）。

佐々木・北村（2017）は，「離職の背景には，介護職員の様々な精神的・身体的ストレスがあるものと考えられる」としている。また，介護職員の不足の理由の一つに，赤羽（2018）は，「介護職員の離職があり，その背景には介護職員が抱えるストレスがある」と述べており，堀内・高野（2021）は，「離職の意向は，バーンアウト尺度（久保，2007）『脱人格化』『情緒的消耗感』との間に有意な正の相関がみられ，離職の要因として，バーンアウトとの関連が高い」と述べている。河村（2021）は，「介護職員の離職の高さや人材不足が指摘されており，介護職員の離職要因としてバーンアウトがあげられている」としており，先行研究においても，介護職員のストレスとバーンアウトによる離職の関連性を指摘している。このことから介護職員の不足問題及び離職の要因の一つとして，ストレスを要因とするバーンアウトにあるのではないかと推察する。

ハイネ（Heine,C.A.）（1986）は，「介護職員のストレスは身体的健康の問題，労働意欲の低下，離職意向とも関連しており，実際の離職および欠勤との関連」を明らかにしている。

アストロムほか（Astrom,S. et al.）（1991）やモビリーほか（Mobily,P.R. et al.）（1992）

は，「介護職員のストレスは特殊な職場環境との関連で論じ，介護職員のストレスと離職との関連」を指摘している。

　介護職員の不足により，介護老人福祉施設などの入所施設を新設しても働く介護職員が不足している為に，施設を100％稼働することが出来ない。また，人手不足やストレス，バーンアウトの影響によって利用者へのサービスの質の低下を招くなど，サービス利用者やその家族の生活に多大な影響を与えている。

　ハイネ（1986）は，「介護職員のストレスが過度に蓄積されると，労働意欲は低下し，情緒的な問題，身体的健康の問題，仕事の質の低下，孤立と引きこもりなど，介護職員やその組織に悪影響を与え，また，ストレスのあまり，利用者に画一的な処遇，幼児的扱い，利用者に対する思いやりの欠如など，介護の質の低下をもたらし，介護を受ける側の高齢者に対しても好ましくない影響を与える」としている。ライマン（Lyman,K.A.）（1989）は，「介護職員のストレスやバーンアウトは，利用者のＱＯＬへ影響する」と述べている。

　「介護現場では慢性的な人員不足が続いており，介護現場における雇用の流動性は，専門性の構築やチームアプローチに支障をきたす恐れがあり，介護の質の低下が懸念される」と古川（2015）は述べている。佐々木・北村（2017）は，「利用者の介護に従事している職員がメンタルヘルスを良好に保てないと不適切なケアにつながり，施設全体の介護の質の低下にもなりかねない」としている。金・石川（2019）は，「介護職員のバーンアウトは，要介護者のＱＯＬに悪影響を及ぼし，介護サービスの質を低下させる」と指摘している。

　このように先行研究において，介護職員の離職の背景には，ストレスやバーンアウトとの関連を指摘しており，その影響によるサービスの質の低下を明らかにしている。

３．介護職員による利用者への虐待問題

　「令和3年度 『高齢者虐待の防止，高齢者の養護者に対する支援等に関する法律』に基づく対応状況等に関する調査」（厚生労働省，2022）によると養介護施設従事者等による虐待事案について，相談・通報件数が2,390件（前年度比14.0％増），虐待判断件数は739件（前年度比24.2％増）となっており，虐待の発生要因として「教育・知識・介護技術等に関する問題」が415件（56.2％），「職員のストレスや感情コントロールの問題」が169件（22.9％），「虐待を助長する組織風土や職員間の関係の悪さ，管理体制等」が159件（21.5％）となっており，職員のストレスや職場内の人間関係を要因とする虐待事案が虐待要因の44.4％を占めている。古市（2017）は，「介護福祉士等の対人援助職は感情労働といわれており，感情労働を通した仕事はストレスを抱え，バーンアウトや最悪の場合利用者に対しての虐待への影響が考えられる」と述べており，河村（2021）は，

「高いバーンアウト状態は，介護やケアの質が低下するとともに高齢者虐待にもつながる」と指摘している。介護職員による利用者への虐待についてもストレスやバーンアウトを要因とすることが明らかにされている。感情労働とは，ホックシールド（Hochschild,A.）(1983) によると「相手の適切な心の状態を喚起させるように，自身の感情を引き起こしたり抑制したりすることを要求する」労働とされている。

　以上のように，介護職員は多くのストレスを抱え，バーンアウトする可能性を秘めており，ストレスを要因とする問題が多く発生している。このようなストレスを要因とする問題に対して，筆者は介護職員のストレスの軽減やバーンアウトの予防のために，介護職員へのメンタルヘルスケア研修を実施することが重要であると考える。

第2節　本研究の概念

　ここでは，本研究の主な概念である「ストレス」「バーンアウト」「ストレスコーピング」「ストレスマネジメント」「メンタルヘルス」「メンタルヘルスケア」について述べることにする。

第1項　ストレス

　ストレスという用語を現在の意味として初めて用いたのはセリエ（Selye,H.）(1936)である。セリエ (1936) は，ストレスを「外界からのあらゆる要求によってもたらされる身体の非特異的反応」と定義づけている。非特異的反応とは，特別な反応ではないという意味で，環境からの刺激（ストレスを引き起こす刺激をストレッサーと名付けた）にはさまざまな種類があるが，それに対して同じような生理的な反応（ストレス反応）が起こるとしている（片山，2017）。

　セリエ (1936) が示したストレスは，生物的ストレスであったのに対して，ラザルスとフォルクマン（Lazarus,R.S., & Folkman,S.）(1991) は，環境と人との関係に注目をし，環境からの要請と，それに対応する個人の対処能力のバランスに着目し，環境からの要請の方が個人の対処能力を超える時にストレスとして評価される認知的評価を重視している。つまり，同じストレッサーにさらされていても，個人の対処能力やそれらに対する認知が異なれば，ストレスとしての意味合いが違う様に，ストレス状況における個人差を示している。

　ホームズとレイ（Holmes,T.H. & Rahe,R.H.）(1967)は，ストレスと日常生活に起こる重大な出来事（ライフイベント）の関連性に着目した。このような出来事に直面すると，今まで確立してきた日常生活様式に変化が生じる。この変化をもう一度適応し直すために労力を必要とすることがストレス状態を引き起こすとしている。

　さらにホームズとレイ（1967）は，ストレスと関係が深いと考えられる代表的な出来事（ライフイベント），「結婚」や「離婚」，「入学」，「昇進」などの生活様式の変化に再適応するために必要な生活の調整量として「社会的再適応評価尺度」を作成した。この尺度内の出来事（ライフイベント）を一定期間内に数多く経験するとストレス値が加算され，その合計が高いほど疾患の発症率が高まるとしている。

　セリエ（1936）は，「ストレッサーに曝され続けると非特異的反応の結果として，副腎皮質の肥大，胸腺・膵臓・リンパ節の萎縮，胃潰瘍，十二指腸潰瘍などの症状がみられるようになる」と述べている。この反応の結果生じる不適応状態を汎適応症候群と呼び，この汎適応症候群は，警告反応期・抵抗期・疲憊期の3つの段階に分けられる。

　警告反応期は，ストレッサーに曝されると一時的に身体の抵抗力が低下するショック相と，しばらくしてショックから立ち直りストレッサーに対して抵抗力が高まり始める反ショック相からなり，ストレッサーに抵抗する準備が整えられる。ショック相では，体温や血圧の低下，低血糖，神経系活動抑制などが生じる。一方，反ショック相では，体温や血圧の上昇，高血糖，筋緊張などショック相とは逆の身体的反応が生じる。

　抵抗期では，ストレッサーに対する抵抗力が正常時の水準を上回り，その状態が維持され，ストレッサーに対して積極的に慣れようとする。一応安定した状態ではあるが，健康的な状態とはいえない。

　疲憊期では，ストレッサーがさらに持続すると抵抗力が再び低下し，やがて疲労困憊に陥り抵抗力が尽きてしまう。ストレッサーに耐えられなくなり，ストレス反応としてさまざまな不適応状態が生じる。死に至ることもある。

　ストレス反応には，身体的反応と心理的反応，行動的反応の3つに分けられている。身体的反応としては，消化器系疾患（胃潰瘍や十二指腸潰瘍など），循環器系疾患（狭心症や心筋梗塞，本能性高血圧など），神経・筋肉系疾患（片頭痛など），免疫性疾患（潰瘍性大腸炎や関節リウマチなど），睡眠障害（不眠や入眠困難，早朝覚醒など），不定愁訴などがある。心理的反応としては，緊張，不安，恐怖，怒り，抑うつなどの症状が生じる。行動的反応としては，その人が通常もっている行動の枠組みや基準を逸脱する行動が生じる。度を越えた飲酒や浪費，犯罪や自己破壊的行動が生じることがある。また，自分に強いストレッサーを与える環境に耐えられなくなり，その場から逃げ出してしまうドロップアウトもある。反社会的行動や非社会的行動などの不適応行動が生じることもある（片山，2017）。

第2項　バーンアウト

　バーンアウトとは燃え尽き症候群ともいい，フロイデンバーガー（Freudenberger,H.J.）（1974）が提唱した概念である。「それまで人一倍活発に仕事をしていた人が，なんらか

の要因によって，あたかも燃え尽きたように活力を失った時に示す心身の疲労症状をいう。この症候群は高度対人共感性を必要とする対人援助職に多く発生する」としており，主な症状として，無気力，抑うつ，慢性的な倦怠感，頭痛や胃痛，不眠などを生じるとされている。

マスラックとジャクソン（Maslach,C. & Jackson,S.E. ）（1986）の定義によると「人を相手にする仕事に従事している人たちに生じる，情緒的消耗感，脱人格化，個人的達成感の減退をともなう症候群」である。バーンアウトを発症する要因には，年齢や性格の個人要因と仕事の業務内容や管理体制などの状況的要因がある（片山，2017）。

バーンアウトを測定する尺度として，マスラックとジャクソン（1986）によって開発されたマスラック・バーンアウト・インベントリー（MBI：Maslach Burnout Inventory）は，バーンアウトを情緒的消耗感・脱人格化・個人的達成感の低下の3つの症状に分類しており，情緒的消耗感とは，心身の極度の疲労から無気力となり何もしたくなくなる感情である。脱人格化とは，利用者や同僚など周りの人への配慮がなくなり，無関心や孤立感が高まり気持ちのこもった関わりや気遣いができなくなることである。個人的達成感の低下とは，仕事に対して充実感や達成感を感じられなくなったりすることである。

久保（2007）は，「バーンアウトはストレスの結果生じるストレス反応の一つとして位置づけられている。そのため，その因果モデルは，既存のストレスモデルを基本的な枠組みとすれば，バーンアウト発症のリスクは，個人要因（パーソナリティ，経験など）と環境要因（過重労働，役割葛藤など）の2つに大別することができる」としている。

第3項　ストレスコーピング

ストレスコーピングとは，さまざまなストレスに対処する過程である。ラザルスとフォルクマン（1991）は，「能力や技能を使い果たしてしまうと判断され自分の力だけではどうすることもできないとみなされるような，特定の環境からの強制と自分自身の内部からの強制の双方を，あるいはいずれか一方を，適切に処理し統制していこうとしてなされる，絶えず変化していく認知的努力と行動による努力」と定義し，問題焦点型コーピングと情動焦点型コーピングの2つに大きく分けている。

問題焦点型コーピングは，ストレッサー自体の解決を目指すものである。どこに問題があるのかを明らかにしたり，いくつかの解決策を考え，それら一つひとつについて利益や損失を考慮したうえで，最も有効と考えられるものを選び出して試したり，仕事のスキルを向上させるなどして仕事上の問題を解決できるようになるなどである。

情動焦点型コーピングは，ストレッサーから生じる情動的な混乱を解消しようとするものである。認知的な枠組みを変えること（肯定的に考えるようにする。良いポイントを見つけ出す。冷静に見直す。客観的に見るなど）や，情動を発散すること（気晴らし，気分

転換など）である。

第 4 項　ストレスマネジメント

ストレスマネジメントとは，ストレッサーに対する人間の心身のメカニズムや反応を理解し，ストレス反応を軽減あるいはストレス障害の予防や回復を行うこと（片山，2017）とされており，ストレスマネジメントには，個人で実践するもの，家庭で行われるもの，学校で行われるもの，職場にて実施されるものなどに分けられる。

ここでは，個人と職場でのストレスマネジメントについて述べる。

個人でのストレスマネジメントとして，ストレスやバーンアウトに関する知識やストレスコーピングに関する知識など，メンタルヘルスケアに関する知識を得て，自らストレスへの対処方法を身に付ける。職場でのストレスチェックなどを参考に自己のストレス状況などを把握し，自身のこころの健康に注意を向けるなどストレスに対する自己管理を行うことである。

職場でのストレスマネジメントとして，職場の労働環境の整備として，適正な勤務形態や残業などの労働時間の見直し，職務内容の量と質の調整などがあげられる。また，職員のストレス状況やバーンアウト状況を把握し，上司や心理の専門職へ相談しやすい環境づくりや定期的なメンタルヘルスケアに関する研修会を実施する。職員間のコミュニケーションを促進することを目的に交流会などを行い，ソーシャルサポートを活性化させることなどである。

第 5 項　メンタルヘルス

厚生労働省（2000）によるメンタルヘルス（こころの健康）とは，「いきいきと自分らしく生きるための重要な条件である。その条件として，自分の感情に気づいて表現できること（情緒的健康），状況に応じて適切に考え，現実的な問題解決ができること（知的健康），他人や社会と建設的でよい関係を築けること（社会的健康）である。また，人生の目的や意義を見出し，主体的に人生を選択すること（人間的健康）も大切な要素であり，こころの健康は『生活の質』に大きく影響するものである。こころの健康には，個人の資質や能力の他に，身体状況，社会経済状況，住居や職場の環境，対人関係など，多くの要因が影響し，なかでも身体の状態とこころは相互に強く関係している」とされている。

第 6 項　メンタルヘルスケア

メンタルヘルスケアとは，厚生労働省（2015）によると，「労働者自身がストレスや心の健康について理解し，自らストレスを予防，軽減するあるいはこれに対処する『セルフケア』，労働者と日常的に接する管理監督者が，心の健康に関して職場環境等の改善や労働者に対する相談対応を行う『ラインによるケア』，事業場内の産業医等事業場内産業保健スタッフ等が，事業場の心の健康づくり対策の提言を行うとともに，その推進を担い，

また，労働者及び管理監督者を支援する『事業場内産業保健スタッフ等によるケア』及び事業場外の機関及び専門家を活用し，その支援を受ける『事業場外資源によるケア』の4つのケア」のことをいう。

第3節　本研究の目的と構成

　本研究の目的は，高齢者介護現場で働く介護職員へのストレス状況調査を実施し，どのような施設・サービス事業所に勤務する介護職員がどのようなストレスを抱えているのかの実態調査を行い，その結果から介護職員へのメンタルヘルスケア研修の必要性を検討し，介護職員に向けたオンラインメンタルヘルスケア研修を構築・実践・検討することである。

　上記の目的から介護職員に向けたオンラインメンタルヘルスケア研修プログラムを構築する。

　第2章では介護職員ストレス状況調査を実施し，身体面の反応について考察を行った。第3章では介護職員ストレス状況調査を実施し，心理面の反応について考察を行った。

　しかしながら，ストレス反応には行動面の反応もある。第2章，第3章にて実施した介護職員ストレス状況調査は，厚生労働省（2016）による「職業性ストレス簡易調査票」を用いて実施した調査であり，この調査票では行動面のストレス反応を測定することが難しく，それに代わる尺度も筆者が検索した結果，見当たらなかった。さらに本論におけるオンラインメンタルヘルスケア研修の参加者にも，行動面のストレス反応を示す参加者はみられなかった。したがって本研究では，行動面のストレス反応は取り上げていない。

　第4章では第2章と第3章の身体面と心理面の反応について考察を行った結果から介護職員へのメンタルヘルスケア研修の必要性について，先行研究を探求した。

　第5章では第4章における先行研究の探究から介護職員に向けたオンラインメンタルヘルスケア研修の構築を行った。

　第6章では第5章で構築した介護職員に向けたオンラインメンタルヘルスケア研修を実践し，検討を行った。

　第7章ではオンラインメンタルヘルスケア研修の参加者について，個別事例検討インタビュー調査を実施した。

　第8章ではオンラインメンタルヘルスケア研修の効果について検討をし，新たな知見として，新メンタルヘルスケア研修プログラムの構築に至った。

　本研究においては，同朋大学倫理委員会の承認（承認番号 2016-014，第2章・第3章）・（承認番号 2021-02-01，第5章・第6章・第7章・第8章）を得ているが，各章においても内容に応じた倫理的配慮について記述した。

第 2 章

介護職員のストレス状況調査の分析結果から
身体面のストレス反応

第 1 節　問題と目的

　第 2 章では、介護職員の離職要因としてストレスを要因とするバーンアウトによるも
のが多いのではないかと考え、介護職員のストレス状況調査を実施した。その結果から、
離職要因の一つとして考えられるバーンアウトを発生させる要因の一つである身体面の反
応の調査項目に着目をし、どのようなサービスに従事している介護職員が身体面の反応を
多く抱えているのかを明らかにする。そして、介護職員のこころの健康を改善させること
で、バーンアウトを予防し、バーンアウトによる離職を防ぐことができるのではないかと
考える。その一つとして、介護職員へのメンタルヘルスケア研修の重要性を明らかにす
る。

第 2 節　調査の方法

第 1 項　介護職員ストレス状況調査

　調査対象施設 6 種類 9 施設・事業所（表 2 － 1　調査対象施設種別等（表 2 － 1
2　調査対象施設種別等（%））に勤務する介護職員 236 名を対象に「職業性ストレス簡易
調査票」（厚生労働省、2016）を使用し、調査は無記名として介護職員ストレス状況調査
を実施した。調査対象期間は 2017 年 3 月 1 日から 2017 年 3 月 31 日にて実施した。回
答者は 200 名で回収率は 84.75%、男女比率は男性 20.50%、女性 77.50%、無回答 2.0%
であった。

第 2 項　倫理的配慮

　倫理的配慮として、調査票の表紙に本調査の目的や調査は無記名であり、かつ個人の回
答がそのままの形で公開されることは無いこと、個人のプライバシーは厳守されること、
調査への参加は強制されるものではないこと、回答するか否かは自由意志で決められるこ
と等を文書にて説明を行った。また、調査に回答をしたこと、学術研究等に使用するこ
とに同意したとみなすこと等の説明を調査票に記載した。
　調査票を配布する際に、各施設、各部署、各事業所の責任者に調査票の表紙を示しなが

ら，調査の目的や内容，回答は強制ではなく個人の自由意志であること，プライバシーは厳重に守られること等を説明し，同意を得てから調査を実施した。

調査票の回収は，各施設，各部署，各事業所に開封できないように工夫した回収ボックスを設置し，調査最終日に回収を行った（筆者が当日回収できない施設等には，事前に責任者に回収ボックスを回収してもらうように依頼した）。

本調査および研究は，同朋大学倫理委員会の承認（承認番号 2016-014）のもと実施した。

第3項　分析の方法

調査結果を施設・サービス種別（表2−1　調査対象施設種別等（人数），表2−2調査対象施設種別等（％））ごとに集計し，一元配置分散分析を使用して分析を行った結果から，有意差または有意傾向が見られた項目について Tukey 法による多重比較検定（表2−3　有意差及び有意傾向が見られた項目）を行った。

第3節　調査の結果

第1項　身体面の反応の調査項目に着目をして

「職業性ストレス簡易調査票」（厚生労働省，2016）の質問項目 B「最近1か月のあなたの状態について伺います」の調査項目の内，身体面の反応の調査項目は「ひどく疲れた」，「へとへとだ」，「だるい」，「めまいがする」，「体のふしぶしが痛む」，「頭が重かったり頭痛がする」，「首筋や肩がこる」，「腰が痛い」，「目が疲れる」，「動悸や息切れがする」，「胃腸の具合が悪い」，「食欲がない」，「便秘や下痢をする」，「よく眠れない」の 14 項目である。

介護療養型医療施設[注1]（以下病院とする）の介護職員，介護老人保健施設[注2]の介護職員，グループホーム[注3]の介護職員，デイサービスセンター[注4]の介護職員，複合型サービス事業所[注5]の介護職員，介護老人福祉施設[注6]の介護職員間で差があるかどうかを検討するため，一元配置分散分析を行った結果，有意差または有意傾向が見られた調査項目は，以下の7項目であった。「ひどく疲れた」，「だるい」，「頭が重かったり頭痛がする」，「腰が痛い」，「胃腸の具合が悪い」，「食欲がない」，「よく眠れない」。これらの調査項目について Tukey 法による多重比較検定（表2−3　有意差及び有意傾向が見られた項目）を行った。

表2−1 調査対象施設種別等（人数）

		全　体	介護療養型医療施設	介護老人保健施設	グループホーム	デイサービスセンター	複合型サービス事業所	介護老人福祉施設
回答者数		200名／236名	44名／47名	83名／103名	24名／30名	17名／19名	22名／27名	10名／10名
平均要介護度		3.03	4.09	3.14	2.43	1.55（他・要支援1が25名・要支援2が25名）	3.19（他・要支援1が6名・要支援2が8名）	3.80
性　別	男性	41	11	15	7	0	2	6
	女性	155	32	66	17	17	19	4
	無回答	4	1	2	0	0	1	0
年　代	10代	0	0	0	0	0	0	0
	20代	29	9	8	8	2	0	2
	30代	43	12	20	1	6	1	3
	40代	69	11	32	9	7	6	4
	50代	41	11	19	5	1	4	1
	60代	12	1	2	1	0	8	0
	70代	4	0	0	0	1	3	0
	無回答	2	0	2	0	0	0	0
介護職の総経験年数	1年未満	4	1	3	0	0	0	0
	1年以上5年未満	45	10	11	5	8	7	4
	5年以上10年未満	60	13	27	6	3	8	3
	10年以上15年未満	52	10	23	9	3	4	3
	15年以上20年未満	27	8	14	2	0	3	0
	20年以上	10	2	3	2	3	0	0
	無回答	2	0	2	0	0	0	0
雇用形態	正職員	143	36	62	22	3	12	8
	契約職員	1	0	1	0	0	0	0
	パート	51	8	18	0	13	10	2
	無回答	5	0	2	2	1	0	0
保有資格	介護福祉士	126	32	57	18	4	11	4
	介護職員初任者研修	35	5	11	3	7	5	4
	特になし	30	5	11	2	6	4	2
	無回答	9	2	4	1	0	2	0

※表内の数値は，人数（名）を表す。

（筆者作成　2021）

表２－２　調査対象施設種別等（％）

施設・サービス種別		全　体	介護療養型医療施設	介護老人保健施設	グループホーム	デイサービスセンター	複合型サービス事業所	介護老人福祉施設
回答者数		200名／236名	44名／47名	83名／103名	24名／30名	17名／19名	22名／27名	10名／10名
平均要介護度		3.03	4.09	3.14	2.43	1.55 （他・要支援1が25名・要支援2が25名）	3.19 （他・要支援1が6名・要支援2が8名）	3.80
性　別	男性	20.50	25.00	18.07	29.17	0.00	9.09	60.00
	女性	77.50	72.73	79.52	70.83	100.00	86.36	40.00
	無回答	2.00	2.27	2.41	0.00	0.00	4.55	0.00
年　代	10代	0.00	0.00	0.00	0.00	0.00	0.00	0.00
	20代	14.50	20.45	9.63	33.33	11.76	0.00	20.00
	30代	21.50	27.27	24.10	4.17	35.29	4.55	30.00
	40代	34.50	25.00	38.55	37.50	41.18	27.27	40.00
	50代	20.50	25.00	22.89	20.83	5.88	18.18	10.00
	60代	6.00	2.27	2.41	4.17	0.00	36.36	0.00
	70代	2.00	0.00	0.00	0.00	5.88	13.64	0.00
	無回答	1.00	0.00	2.41	0.00	0.00	0.00	0.00
介護職の総経験年数	1年未満	2.00	2.27	3.61	0.00	0.00	0.00	0.00
	1年以上5年未満	22.50	22.72	13.25	20.83	47.06	31.81	40.00
	5年以上10年未満	30.00	29.54	32.53	25.00	17.65	36.36	30.00
	10年以上15年未満	26.00	22.27	27.71	37.50	17.65	18.18	30.00
	15年以上20年未満	13.50	18.18	16.87	8.33	0.00	13.64	0.00
	20年以上	5.00	4.54	3.61	8.33	17.65	0.00	0.00
	無回答	1.00	0.00	2.41	0.00	0.00	0.00	0.00
雇用形態	正職員	71.50	81.81	74.70	91.66	17.65	54.55	80.00
	契約職員	0.50	0.00	1.20	0.00	0.00	0.00	0.00
	パート	25.50	18.18	21.69	0.00	76.47	45.45	20.00
	無回答	2.50	0.00	2.41	8.33	5.88	0.00	0.00
保有資格	介護福祉士	63.00	72.72	68.67	75.00	23.53	50.00	40.00
	介護職員初任者研修	17.50	11.36	13.25	12.50	41.18	22.73	40.00
	特になし	15.00	11.36	13.25	8.33	35.29	18.18	20.00
	無回答	4.50	4.54	4.82	4.17	0.00	9.09	0.00

※（％）小数点3以下四捨五入

（筆者作成　2021）

第2項　多重比較検定の結果

1．ひどく疲れた

「ひどく疲れた」の項目について，一元配置分散分析を行った結果，有意傾向が見られたため（F = 1.97），Tukey 法による多重比較検定を行ったところ，グループホームとデイサービスセンターの介護職員間で，5 パーセント水準で有意差が見られ，グループホームの介護職員の方が有意に高値であった。すなわちグループホームの介護職員の方が「ひどく疲れた」と強く感じている。

2．だるい

「だるい」の項目について，一元配置分散分析を行った結果，5 パーセント水準で有意差が見られたため（F = 2.38），Tukey 法による多重比較検定を行ったところ，有意差は見られなかった（有意差及び有意傾向が見られなかったため，表2－3　有意差及び有意傾向が見られた項目には不記載）。

3．頭が重かったり頭痛がする

「頭が重かったり頭痛がする」の項目について，一元配置分散分析を行った結果，5 パーセント水準で有意差が見られたため（F = 2.65），Tukey 法による多重比較検定を行ったところ，介護老人保健施設とグループホームの介護職員間で，5 パーセント水準で有意差が見られ，グループホームの介護職員の方が有意に高値であった。すなわちグループホームの介護職員の方が「頭が重かったり頭痛がする」と強く感じている。グループホームと複合型サービス事業所の介護職員間で，5 パーセント水準で有意差が見られ，グループホームの介護職員の方が有意に高値であった。すなわちグループホームの介護職員の方が「頭が重かったり頭痛がする」と強く感じている。

4．腰が痛い

「腰が痛い」の項目について，一元配置分散分析を行った結果，1 パーセント水準で有意差が見られたため（F = 4.92），Tukey 法による多重比較検定を行ったところ，介護老人保健施設とデイサービスセンターの介護職員間で，1 パーセント水準で有意差が見られ，介護老人保健施設の介護職員の方が有意に高値であった。すなわち介護老人保健施設の介護職員の方が「腰が痛い」と強く感じている。介護老人保健施設と複合型サービス事業所の介護職員間で，5 パーセント水準で有意差が見られ，介護老人保健施設の介護職員の方が有意に高値であった。すなわち介護老人保健施設の介護職員の方が「腰が痛い」と強く感じている。

5．胃腸の具合が悪い

「胃腸の具合が悪い」の項目について，一元配置分散分析を行った結果，有意傾向が見られたため（F = 1.90），Tukey 法による多重比較検定を行ったところ，グループホーム

とデイサービスセンターの介護職員間で，有意傾向が見られ，グループホームの介護職員の方が有意に高値であった。すなわちグループホームの介護職員の方が「胃腸の具合が悪い」と強く感じている。

６．食欲がない

「食欲がない」の項目について，一元配置分散分析を行った結果，5パーセント水準で有意差が見られたため（F = 2.31），Tukey法による多重比較検定を行ったところ，デイサービスセンターと介護老人福祉施設の介護職員間で有意傾向が見られ，介護老人福祉施設の介護職員の方が有意に高値であった。すなわち介護老人福祉施設の介護職員の方が「食欲がない」と強く感じている。

７．よく眠れない

「よく眠れない」の項目について，一元配置分散分析を行った結果，有意傾向が見られたため（F = 1.95），Tukey法による多重比較検定を行ったところ，デイサービスセンターと介護老人福祉施設の介護職員間で，5パーセント水準で有意差が見られ，介護老人福祉施設の介護職員の方が有意に高値であった。すなわち介護老人福祉施設の介護職員の方が「よく眠れない」と強く感じている。

第4節　考察

多重比較検定の結果（表2－3　有意差及び有意傾向が見られた項目），介護老人保健施設とグループホーム，介護老人福祉施設の介護職員が他施設の介護職員よりも，身体面の反応において，有意に高い傾向であることが判明した。何故この様な結果となったのか，この3施設と有意差及び有意傾向が見られた施設の比較検討を行った。

第1項　介護老人保健施設と他施設との比較

介護老人保健施設は，入所型の施設であり症状が安定期にある要介護者に対して，管理者である医師の指示のもと，看護及び医学的管理下における介護，機能訓練その他一様な医療，日常生活上の世話を行う施設とされており，在宅復帰を目的として理学療法士等によるリハビリテーションが提供されている。今回の調査対象の介護老人保健施設は3施設あり，回答者数が調査対象施設種別において最多の83名で，正職員の割合は74.70％，契約社員は1.20％，パートは21.69％，無回答が2.41％であった（表2－2　調査対象施設種別等（％）を参照）。

表２－３　有意差及び有意傾向が見られた項目

多重比較検定表（身体面の反応）

	水準1	水準2	平均1	平均2	差	標準誤差	統計量	p値	
ひどく疲れた	グループホーム	デイサービスセンター	2.8696	2.0000	0.8696	0.2959	2.9390	0.0351	*
頭が重かったり頭痛がする	介護老人保健施設	グループホーム	1.9630	2.6250	0.6620	0.2332	2.8388	0.0463	*
	グループホーム	複合型サービス事業所	2.6250	1.6190	1.0060	0.2998	3.3550	0.0101	*
腰が痛い	介護老人保健施設	デイサービスセンター	2.8765	1.8235	1.0530	0.2486	4.2355	0.00043	**
	介護老人保健施設	複合型サービス事業所	2.8765	2.1429	0.7337	0.2282	3.2150	0.0156	*
胃腸の具合が悪い	グループホーム	デイサービスセンター	1.9130	1.1765	0.7366	0.2866	2.5702	0.0921	†
食欲がない	デイサービスセンター	介護老人福祉施設	1.1176	2.0000	0.8824	0.3142	2.8079	0.0503	†
よく眠れない	デイサービスセンター	介護老人福祉施設	1.3529	2.4000	1.0471	0.3715	2.8186	0.0489	*

** : $p < 0.01$　* : $p < 0.05$　† : $p < 0.1$

（筆者作成　2021）

1．介護老人保健施設の介護職員とデイサービスセンターの介護職員との比較

　両施設の介護職員間で有意差が見られた調査項目は，「腰が痛い」の１項目であり，介護老人保健施設の介護職員の方が有意に高値であった。

　２施設を比較すると介護老人保健施設は入所型の施設であるのに対して，デイサービスセンターは通所型の施設である。介護老人保健施設の利用者の平均要介護度が 3.14 であるのに対して，デイサービスセンターの利用者の平均要介護度は 1.55（他・要支援１が 25 名，要支援２が 25 名）と平均要介護度に違いが見られる。また，介護老人保健施設の正職員の割合が 74.70％であるのに対して，デイサービスセンターの正職員の割合は 17.65％，契約職員 0.00％，パート 76.47％，無回答 5.88％（表２－２　調査対象施設種別等（％）を参照）と雇用形態に大きな違いがある。このことから介護業務において，介護老人保健施設の介護職員の方が身体面の反応への負担が高いと考える。

2．介護老人保健施設の介護職員と複合型サービス事業所の介護職員との比較

　両施設の介護職員間で有意差が見られた調査項目は，「腰が痛い」の１項目であり，介護老人保健施設の介護職員の方が有意に高値であった。

　２施設を比較すると介護老人保健施設（平均要介護度 3.14）は入所型の施設であるのに対して，複合型サービス事業所は訪問介護，通所介護，有料老人ホーム等の在宅サービスを中心に複数のサービスを提供している。複合型サービス事業所の利用者の平均要介護度は 3.19（他・要支援１が６名，要支援２が８名）となっており，平均要介護度では複合型サービス事業所の方が若干高いが，介護職員は各サービスをローテーションで回っている点と正職員の割合が 54.55％，パートが 45.45％（表２－２　調査対象施設種別等（％）

を参照）と正職員の割合が介護老人保健施設（正職員の割合 74.70％）よりも低い点があげられる。その結果から身体面の反応への負担が軽減されているのではないかと推察する。

第2項　グループホームと他施設との比較

　グループホームは，入居型の施設であり利用者の生活空間となっているユニット型の施設である。1ユニットの利用者定員は9名となっており，ユニットごとに8名程度の介護職員が配置されている。ユニット型の施設であるため，介護職員と利用者ともに関わる人数が少ないことから，介護職員と利用者の接する時間が必然的に長くなり，介護職員と利用者との人間関係が非常に密接となると推察される。また，グループホームの人員配置基準としては，基本的に介護職員のみで運営することが可能である。今回の調査対象のグループホームは2施設あり，回答者数は24名で正職員の割合は91.66％，契約社員は0.00％，パートは0.00％，無回答が8.33％（表2－2　調査対象施設種別等（％）を参照）であった。

　ユニット型施設とは，1ユニットの入居定員は原則10名以下（個室）とされており，介護職員も8名から10名程度がユニットごとに配置されている。少人数で家庭的な雰囲気の中で，常に決まった職員がケアすることで，利用者への質の高いケアが行われている。

1．グループホームの介護職員とデイサービスセンターの介護職員との比較

　両施設の介護職員間で有意差及び有意傾向が見られた調査項目は，「ひどく疲れた」，「胃腸の具合が悪い」の2項目であり，両項目ともにグループホームの介護職員の方が有意に高値であった。

　2施設を比較するとグループホームはユニット型の入居施設であるのに対して，デイサービスセンターは通所型の施設である。また，グループホームの正職員の割合は91.66％であるのに対して，デイサービスセンターの正職員の割合は，17.65％，契約職員0.00％，パート76.47％，無回答5.88％（表2－2　調査対象施設種別等（％）を参照）と雇用形態にも大きな違いが見られる。

　グループホームでは接する利用者は毎日同じであるのに対して，デイサービスセンターの利用者は日によって変わるため，介護職員が利用者と接する時間はグループホームよりは短く，グループホームのように介護職員と利用者の人間関係が必要以上に密接になることは少ないと考えられる。

　グループホームは介護職員のみで業務を行っているのに対して，デイサービスセンターの人員配置基準としては，介護職員以外に生活相談員や看護師等が配置されており，他職種も利用者への対応を行っており業務が分散されている。

　利用者の違いについて，グループホームの利用者は全員が認知症であり，自宅での生活が困難な方々が入居しているのに対して，デイサービスセンターは認知症の利用者もいるが自宅で生活が可能な状態であり，また，認知症ではない利用者もいる点があげられる。

　佐々木・北村（2017）は，利用者を介護している中で，＜意思の疎通が困難＞＜介護拒否＞＜暴行・暴言＞＜認知症の周辺症状と思われる行動＞＜今まで出来ていたことが出来ない状況＞に遭遇する機会は頻回にあると思われる。このような利用者の様々な行動は認知症の BPSD（周辺症状）が出現しているものと思われるが，これは介護職員にとって大きな負担となっていると述べている。以上のことからデイサービスセンターの介護職員は，身体面のストレス反応が軽減されていると推察する。

2．グループホームの介護職員と介護老人保健施設の介護職員との比較

　両施設の介護職員間で有意差が見られた調査項目は，「頭が重かったり頭痛がする」の1項目であり，グループホームの介護職員の方が有意に高値であった。

　2施設を比較すると両施設ともに入居，入所施設であるが，グループホームはユニット型の入居施設であるのに対して，介護老人保健施設はユニット型の入所施設ではない点があげられる。また，グループホームは介護職員のみで施設を運営することができるのに対して，介護老人保健施設では，管理者が医師で，看護師は 24 時間常駐しており，支援相談員や理学療法士等が配置されている。そのことから施設内で他職種との多職種連携が密接に行えることなどがあげられる。その為，各種専門職によってケア業務が分担され，介護職員の業務の負担が軽減されている。つまり，業務に対する責任も分散されることにより，身体面のストレス反応の軽減につながっているのではないかと考える。

3．グループホームの介護職員と複合型サービス事業所の介護職員との比較

　両施設の介護職員間で有意差が見られた調査項目は，「頭が重かったり頭痛がする」の1項目であり，グループホームの介護職員の方が有意に高値であった。

　2施設を比較するとグループホームはユニット型の入居施設であるのに対して，複合型サービス事業所は，訪問介護，通所介護，有料老人ホーム等の複数の在宅サービスを提供している。介護職員は各サービスをローテーションで回っており，毎回接する利用者が変化する点があげられる。また，グループホームの正職員の割合は 91.66％であるのに対して，複合型サービス事業所の正職員の割合は 54.55％，契約職員 0.00％，パート45.45％，無回答 0.00％（表2－2　調査対象施設種別等（％）を参照）と雇用形態にも違いが見られる。

　グループホームでは接する利用者は毎日同じであるのに対して，複合型サービス事業所の利用者は日によって変わるため，介護職員が利用者と接する時間は短く，グループホームの介護職員のように利用者との人間関係が必要以上に密接になることは少ないと考えら

れる。その為，身体面のストレス反応が軽減されていると推察する。

第3項　介護老人福祉施設と他施設との比較

　介護老人福祉施設は，利用者の生活の場として位置付けられている入所施設である。今回の調査対象の介護老人福祉施設は 1 施設でユニット型の施設であり，1 ユニットの入所定員は 10 名で，介護職員は 10 名の配置となっている。回答者数は 10 名で正職員の割合は 80.00％，契約社員は 0.00％，パートは 20.00％，無回答は 0.00％（表 2 － 2　調査対象施設種別等（％）を参照）であった。ユニット型の施設であることから，介護職員はユニットごとに配置されており，グループホームと同様に介護職員と利用者との接する時間が必然的に長くなり，介護職員と利用者との人間関係が非常に密接であると考えられる。また，人員配置基準として生活相談員や看護師等は配置されているが，施設全体での配置となっている。そのためユニット内においては介護職員のみで対応することが基本となっている。

1. 介護老人福祉施設の介護職員とデイサービスセンターの介護職員との比較

　両施設の介護職員間で有意差及び有意傾向が見られた調査項目は，「食欲がない」，「よく眠れない」の 2 項目であり，両項目ともに介護老人福祉施設の介護職員の方が有意に高値であった。

　2 施設を比較すると介護老人福祉施設は，ユニット型の入所施設であるの対して，デイサービスセンターは通所型の施設である。介護老人福祉施設の利用者の平均要介護度が 3.80 であるのに対して，デイサービスセンターの利用者の平均要介護度は 1.55（他・要支援 1 が 25 名，要支援 2 が 25 名）と平均要介護度に大きな差が見られる。雇用形態において，介護老人福祉施設の正職員の割合が 80.00％であるのに対して，デイサービスセンターの介護職員の正職員の割合は 17.65％，契約社員 0.00％，パート 76.47％，無回答 5.88％（表 2 － 2　調査対象施設種別等（％）を参照）となっており，正職員の割合が大きく違う点があげられる。

　介護老人福祉施設ではユニット型の入所施設であることから介護職員が対応する利用者は日々同じであるのに対して，デイサービスセンターでは，利用者は日によって変わることから，介護職員が利用者と接する時間は介護老人福祉施設の介護職員よりも短く，介護職員と利用者との人間関係が必要以上に密接になることが少ないと推察される。このことにより，身体面のストレス反応が軽減していると考えられる。

第4項　有意差及び有意傾向が見られた項目とバーンアウトの関連

　先述したように，バーンアウトの主な症状として，無気力，抑うつ，慢性的な倦怠感，頭痛や胃痛，不眠などを呈するとされており，今回の調査結果から有意差及び有意傾向が見られたバーンアウトと共通性のある調査項目として，「ひどく疲れた」，「頭が重かった

り頭痛がする」,「胃腸の具合が悪い」,「食欲がない」,「よく眠れない」があげられる。つまり, グループホームと介護老人福祉施設の介護職員は, 身体面のストレス反応が高く, バーンアウトを発症する可能性が他施設の介護職員よりも高いと考えられる。

第 5 項　有意差及び有意傾向のある施設間の比較から見えてきたもの

今回の調査結果から身体面の反応において, 介護老人保健施設, グループホーム, 介護老人福祉施設の介護職員が他施設の介護職員よりも有意に高い傾向であることが判明した。

さらに, グループホームと介護老人福祉施設の介護職員においては, バーンアウトの主な症状と共通性のある調査項目において, 高い身体面のストレス反応を示している。また, 近藤 (2021a) により, 心理面のストレス反応においてもグループホームと介護老人福祉施設の介護職員は, 他施設の介護職員よりも有意に高い傾向であることが示されており, その反応もバーンアウトの主な症状と共通性が見られる調査項目であった。このことから今回のストレス状況調査において, この 2 施設の介護職員が他施設の介護職員よりもストレス要因を多く抱えており, バーンアウトを発症する可能性が高いのではないかと推察する。

この 2 施設からその要因として, 1. 介護職員と利用者との人間関係が非常に密接であること, 2. 雇用形態において, 有意差が見られた施設との間において正職員の割合が高いこと, 3. 他職種との多職種連携が不足していることの 3 点があげられる。

1. 介護職員と利用者との人間関係が非常に密接であること

ユニット型施設の特徴である少人数の介護職員がケアを行うことで, 利用者への家庭的な環境による質の高いケアが行えるというメリットがある。しかしながら, 長三・黒田 (2007) は, ストレッサーの事務的仕事の負荷, 蓄積的疲労兆候の低下, バーンアウトの脱人格化, 組織特性の施設長のリーダーシップの各項目において, 小規模ケア型 (ユニット型) が従来型より平均値が高い傾向にあった。施設形態がストレスに影響を及ぼしているかについての分析では, 小規模ケアの実施はバーンアウトを促進する要因となりうる可能性を示唆した。介護職員の主観的ストレス感と施設全体のストレス要因に関して, 小規模ケア型 (ユニット型) は従来型よりも介護職員のストレスを深刻化させる傾向にあったと述べている。また, 張ら (2007) は, 小規模ケア型施設 (ユニット型) では, 蓄積的疲労徴候に対して組織特性は関連がみられず, ストレス防止機能は弱いことが示唆されたとしている。

小野寺ら (2007) は, 利用者との関係が良好であれば, 達成感を得るが, 利用者との関係が葛藤的になると疲弊感につながる可能性があると述べている。

堀田 (2010) は, 介護職員の職場・仕事のストレッサーとストレス反応を見ると相対

的に「利用者との関係」，「従事業務の量と質」にかかわるストレス度が高いと述べている。

　佐々木・北村（2017）は，利用者，家族，介護職員間の捉え方に差があり，計画の理解が得られなく支援に結びつかなかったり，クレームになったりするとしており，利用者との密接な人間関係がストレスの要因となっていると考えられる。

２．雇用形態において，有意差が見られた施設との間において正職員の割合が高いこと

　高良（2003）は，個人属性とバーンアウト規定要因との関係については，勤務形態に関して多くの関係が見られた。すべての要因において常勤職員の方が非常勤職員よりも問題を感じていた。特に仕事量，成果，役割などでその差が大きくなっている。同様にバーンアウトについても，非常勤職員に比べて常勤職員の方が脱人格化と情緒的消耗感の得点が高く，かつ個人的達成感の得点が低いと述べている。

　小野寺ら（2007）は，雇用形態では正職員が非正職員に対して，上司とのコンフリクト，仕事負荷，同僚とのコンフリクト，ストレッサーの総得点，疲弊感が高いことが示されたと述べており，本調査においても同様の結果が得られたと考える。

３．他職種との多職種連携が不足していること

　特に医療系の職種との連携が薄いと言える。多職種連携とは，利用者に対して多くの専門職種が関わることで，利用者を主体的に捉え，ケアが適切かつ総合的に行える。各種専門職によって業務が分担されることにより，介護職員の業務に対する負担や責任が軽減されている。小野寺ら（2007）は，介護状況における対人関係的な状況，仕事の負荷に関する状況を重要なストレッサーとして念頭におくことができる。また，これらは，バーンアウトの「疲弊感」や「脱人格化」とも関連しており，バーンアウトを左右する重要なストレッサーと位置づけることができるとしている。

　以上のことから，介護職員の離職要因としてバーンアウトが関連していると考えられる。

　堀内・高野（2021）は，介護職員の離職意向は，バーンアウト尺度「脱人格化」「情緒的消耗感」との間に有意な正の相関が見られた。このことは，離職の要因として，バーンアウトとの関連が高いことが示唆されたと述べている。

　ストレスを軽減させバーンアウトを予防し，離職を防止する為には，介護職員に対して，職員同士のソーシャルサポートやストレス耐性の強化へとつながるメンタルヘルスケア研修を行うことが効果的であると考える（図２－１　身体面のストレス反応からバーンアウトへの過程とメンタルヘルスケア研修導入）。

　高良（2003）は，バーンアウトを予防するには，複合的なストレスマネジメントが有

効であると言われている。ストレスに関する知識，ストレスの管理，自己管理などが各自で実践できる予防法として活用できるよう。感情のコントロールを目指す技術習得については，情緒的消耗感との関係が見られた年齢，勤続年数，性別などを考慮することも重要であろうと述べている。

　中西（2011）は，介護職員がより良いケアを提供するためには，職員のストレスマネジメントが必要であると考えられるとしている。

　佐々木・北村（2017）は，メンタルヘルス対策として，個々の介護職員がストレスサインに気付き，セルフケアをすることであり，特に心理ストレスに遭遇した際には感情のコントロールができることである。介護職員個々がストレスサインに気付き，セルフケアが実施できるように支援する。メンタルヘルス対策は，個人の対策のみでなく施設全体の問題として取り組むことが必要であると述べている。

　堀内・高野（2021）は，バーンアウトを予防することは，介護職員のメンタルヘルスマネジメントに寄与し，また離職を低減するものであると考えられるとしている。

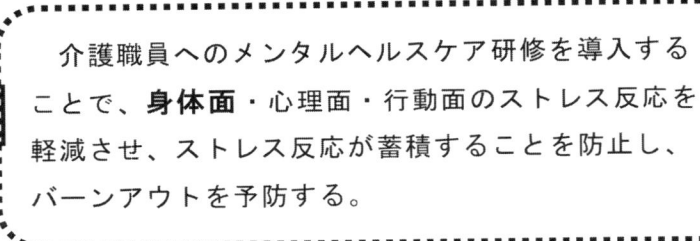

バーンアウト

身体面のストレス反応が蓄積すると
（脱人格化・個人的達成感の低下・情緒的消耗感）

心理面　　　　　　　　　　　　　　　　　行動面

介護職員へのメンタルヘルスケア研修を導入することで、**身体面・心理面・行動面**のストレス反応を軽減させ、ストレス反応が蓄積することを防止し、バーンアウトを予防する。

身体面のストレス反応

①ひどく疲れた　②頭が重かったり頭痛がする

③胃腸の具合が悪い　④食欲がない　⑤よく眠れない

心理面　　　　　　　　　　　　　　　　　行動面

業務におけるストレッサーとなる要因

①介護職員と利用者との密接な人間関係

②正職員であること

③他職種との多職種連携の不足

介　護　職　員

図２−１　身体面のストレス反応からバーンアウトへの過程とメンタルヘルスケア研修導入
（筆者作成　2021）

注
（1）介護療養型医療施設

　療養病床又は老人性認知症疾患療養病棟を有する病院又は診療所であって，それらの病床に入院しており病状が安定期にある比較的医療依存度の高い要介護者に対して，療養上の管理，看護，医学的管理の下における介護等の世話，機能訓練その他の必要な医療を行うことを目的とした施設をいう。療養病床の再編に伴い2024（令和6）年3月31日をもって廃止され，現在は介護医療院へと転換されている。

（2）介護老人保健施設

　介護保険法に規定されている介護保険施設の一つで，病状が安定期にある要介護者に対し，看護，医学的管理下における介護，機能訓練その他一様な医療，日常生活上の世話を行う施設として，都道府県知事の許可を受けたものをいう。

（3）グループホーム

　介護保険の給付対象となる地域密着型サービスの一つで，認知症対応型共同生活介護ともいい，認知症のある要介護者（入居要件として，要支援2以上の要介護，要支援認定及び認知症の診断等が必要）に対して，1ユニット入居定員5名〜9名の共同生活住居における家庭的な環境と地域住民との交流の下で，入浴，排泄，食事等の介護その他の日常生活上の世話及び機能訓練を行うことにより，その有する能力に応じ自立した日常生活を営むことができるようにする施設である。

（4）デイサービスセンター

　老人デイサービスセンター等に通い，入浴や食事の提供，生活等に関する相談，助言，その他の日常生活上の世話，機能訓練を受けられる施設で，介護保険法においては通所介護という。

（5）複合型サービス事業所

　有料老人ホーム，訪問介護，通所介護等の複数のサービスを提供している事業所。

（6）介護老人福祉施設

　老人福祉法に基づき設置されている特別養護老人ホームであって，入所している要介護高齢者（新規入所者は，原則要介護認定の要介護3以上の方に限定されている）に対して，入浴，排泄，食事等の介護その他の日常生活上の世話，機能訓練，健康管理，療養上の世話を行うことを目的とする施設であり，介護保険法においては介護老人福祉施設という。

第3章
介護職員のストレス状況調査の分析結果から
心理面のストレス反応

第1節　問題と目的

　第2章では身体面のストレス反応について焦点をあて考察を行った。第3章では心理面のストレス反応に焦点をあてる。介護職員の離職要因としてストレスを要因とするバーンアウトによるものが多いのではないかと考え，介護職員のストレス状況調査を行い，その結果を一元配置分散分析を使用して分析を行った。その結果から，離職要因の一つと考えられるバーンアウトを発生させる要因の一つである心理面（感情）の反応の調査項目に着目し，どの様なサービスに従事している介護職員が心理面（感情）の反応のストレスを多く抱えているのかを明らかにする。そして，介護職員のこころの健康の改善を行うことで，バーンアウトを予防し，バーンアウトによる離職を防ぐことができるようになるのではないかと考える。その一つとして，介護職員へのメンタルヘルスケア研修の重要性を明らかにする。

　心理面（感情）の反応とは，ストレッサーによって非特異的に引き起こされる反応である。心理面の他，身体面，行動面の反応がある。心理面（感情）の反応としては，怒り，イライラ，抑うつ，不安，無気力などがあり，その反応がストレスとなり，さらに積み重なることによってバーンアウトにつながっている。

第2節　調査の方法

第1項　介護職員ストレス状況調査

　調査対象施設6種類9施設，事業所（表3－1　調査対象施設種別等）に勤務する介護職員236名を対象に「職業性ストレス簡易調査票」（厚生労働省，2016）を使用し，調査は無記名とし介護職員ストレス状況調査を実施した。調査期間は2017年3月1日から2017年3月31日にて実施した。回答者は200名で回収率は84.75％。男女比率は男性20.50％，女性77.50％，無回答2.0％であった。

第2項　倫理的配慮

　倫理的配慮として，調査票の表紙に本調査の目的や調査は無記名であり，かつ個人の回

答がそのままの形で公開されることは無いこと，個人のプライバシーが漏れることは無いこと。調査への参加は強制されるものでは無いこと，回答をするか否かは自由意志で決められること等を文書にて説明を行った。また，調査に回答したことで，学術研究等に使用することに同意をしたとみなすこと等の説明を調査票に記載した。

　各施設，各部署，事業者の責任者に，調査票を配布する際に調査票の表紙を示しながら，調査の目的や内容，回答は強制ではなく個人の自由意志であること。プライバシーは厳重に守られること等を説明し，同意を得て調査を実施した。

　調査票の回収は，各施設，各部署，事業者ごとに開封できないように工夫した回収ボックスを設置し，調査最終日に回収を行った（筆者が当日回収できない施設等には，事前に責任者に回収ボックスを回収してもらうように依頼しておいた）。

　本調査は，同朋大学倫理委員会の承認（承認番号 2016-014）のもと実施した。

第3項　分析の方法

　調査結果を施設，サービス種別（表3－1　調査対象施設種別等）ごとに集計をし，一元配置分散分析を使用して分析を行った結果，有意差または有意傾向が見られた項目について Tukey 法による多重比較検定を行った。

表3－1　調査対象施設種別等

施設・サービス種別	病院 （介護療養型医療施設）	介護老人保健施設 （3施設合算）	グループホーム （2施設合算）	デイサービスセンター	複合型サービス事業所	介護老人福祉施設
回答者数	44名／47名	83名／103名	24名／30名	17名／19名	22名／27名	10名／10名
回収率	93.61%	80.58%	80.00%	89.47%	81.48%	100.00%
平均要介護度	4.09	3.14	2.43	1.55 （他・要支援1が25名 ・要支援2が25名）	3.19 （他・要支援1が6名 ・要支援2が8名）	3.8

（筆者作成　2021）

第3節　調査の結果

第1項　心理面（感情）の反応の調査項目に着目をして

　質問項目 B「最近1か月間のあなたの状態について伺います」の調査項目 29 項目の内，心理面（感情）の反応の調査項目は 15 項目あり，病院（介護療養型医療施設，以下病院とする）の介護職員，介護老人保健施設の介護職員，グループホームの介護職員，デイサービスセンターの介護職員，複合型サービス事業所の介護職員，介護老人福祉施設の介護職員間で差があるかどうか検討するため，一元配置分散分析を行った結果，有意差また

は有意傾向が見られた項目は，以下の7項目であった。「怒りを感じる」，「内心腹立たしい」，「イライラしている」，「落着かない」，「ゆううつだ」，「何をするのも面倒だ」，「仕事が手につかない」。これらの項目について Tukey 法による多重比較検定（表3－2　有意差及び有意傾向が見られた項目）を行った。

表3－2　有意差及び有意傾向が見られた項目

多重比較検定表（心理面（感情）の反応）

	水準1	水準2	平均1	平均2	差	標準誤差	統計量	p値	
怒りを感じる	グループホーム	デイサービスセンター	2.6522	1.7059	0.9463	0.2748	3.4438	0.0075	**
内心腹立たしい	病院（介護療養型医療施設）	デイサービスセンター	2.2326	1.5294	0.7031	0.2446	2.8745	0.0419	*
	介護老人保健施設	デイサービスセンター	2.1975	1.5294	0.6681	0.2278	2.9332	0.0356	*
	グループホーム	デイサービスセンター	2.6250	1.5294	1.0956	0.2707	4.0478	0.00088	**
	デイサービスセンター	介護老人福祉施設	1.5294	2.5000	0.9706	0.3403	2.8524	0.0445	*
イライラしている	グループホーム	デイサービスセンター	2.5417	1.7059	0.8358	0.2774	3.0132	0.0284	*
落着かない	複合型サービス事業所	介護老人福祉施設	1.6364	2.6000	0.9636	0.3687	2.6135	0.0826	†
仕事が手につかない	介護老人保健施設	介護老人福祉施設	1.4568	2.3000	0.8432	0.2631	3.2052	0.0160	*
	グループホーム	デイサービスセンター	1.9583	1.1765	0.7819	0.2488	3.1424	0.0194	*
	デイサービスセンター	介護老人福祉施設	1.1765	2.3000	1.1235	0.3128	3.5919	0.0046	**
	複合型サービス事業所	介護老人福祉施設	1.4286	2.3000	0.8714	0.3016	2.8897	0.0402	*
ゆううつだ							有意差は見られなかった。		
何をするのも面倒だ							有意差は見られなかった。		

＊＊：$p < 0.01$　＊：$p < 0.05$　†：$p < 0.1$

（筆者作成　2021）

第2項　多重比較検定の結果

1．怒りを感じる

「怒りを感じる」について，1パーセント水準で有意差が見られたため（F=3.12），Tukey 法による多重比較検定を行ったところ，グループホームとデイサービスセンターの介護職員間において1パーセント水準で有意差が見られ，グループホームの介護職員の方が有意に高値であった。すなわちグループホームの介護職員の方が「怒り」を強く感じている。

2．内心腹立たしい

「内心腹立たしい」について，1パーセント水準で有意差が見られたため（F=3.55），Tukey 法による多重比較検定を行ったところ，病院とデイサービスセンターの介護職員間において5パーセント水準で有意差が見られ，病院の介護職員の方が有意に高値であっ

た。すなわち病院の介護職員の方が「内心腹立たしい」と強く感じている。介護老人保健施設とデイサービスセンターの介護職員間において 5 パーセント水準で有意差が見られ，介護老人保健施設の介護職員の方が有意に高値であった。すなわち介護老人保健施設の介護職員の方が「内心腹立たしい」と強く感じている。グループホームとデイサービスセンターの介護職員間において 1 パーセント水準で有意差が見られ，グループホームの介護職員の方が有意に高値であった。すなわちグループホームの介護職員の方が「内心腹立たしい」と強く感じている。デイサービスセンターと介護老人福祉施設の介護職員間において 5 パーセント水準で有意差が見られ，介護老人福祉施設の介護職員の方が有意に高値であった。すなわち介護老人福祉施設の介護職員の方が「内心腹立たしい」と強く感じている。

3．イライラしている

「イライラしている」について，5 パーセント水準で有意差が見られたため (F=2.51)，Tukey 法による多重比較検定を行ったところ，グループホームとデイサービスセンターの介護職員間において 5 パーセント水準で有意差が見られ，グループホームの介護職員の方が有意に高値であった。すなわちグループホームの介護職員の方が「イライラしている」と強く感じている。

4．落着かない

「落着かない」について，有意差は見られなかったが (F=1.50)，Tukey 法による多重比較検定を行ったところ，複合型サービス事業所と介護老人福祉施設の介護職員間において有意傾向が見られ，介護老人福祉施設の介護職員の方が有意に高値であった。すなわち介護老人福祉施設の介護職員の方が「落着かない」と感じている。

5．ゆううつだ

「ゆううつだ」について，有意傾向が見られたため (F=1.89)，Tukey 法による多重比較検定を行ったところ有意差及び有意傾向は見られなかった。

6．何をするのも面倒だ

「何をするのも面倒だ」について，有意傾向が見られたため (F=2.03)，Tukey 法による多重比較検定を行ったところ有意差及び有意傾向は見られなかった。

7．仕事が手につかない

「仕事が手につかない」について，1 パーセント水準で有意差が見られたため (F=4.25)，Tukey 法による多重比較検定を行ったところ，介護老人保健施設と介護老人福祉施設の介護職員間において 5 パーセント水準で有意差が見られ，介護老人福祉施設の介護職員の方が有意に高値であった。すなわち介護老人福祉施設の介護職員の方が「仕事が手につかない」と強く感じている。グループホームとデイサービスセンターの介護職員間において 5

パーセント水準で有意差が見られ，グループホームの介護職員の方が有意に高値であった。すなわちグループホームの介護職員の方が「仕事が手につかない」と強く感じている。デイサービスセンターと介護老人福祉施設の介護職員間において1パーセント水準で有意差が見られ，介護老人福祉施設の介護職員の方が有意に高値であった。すなわち介護老人福祉施設の介護職員の方が「仕事が手につかない」と強く感じている。複合型サービス事業所と介護老人福祉施設の介護職員間において5パーセント水準で有意差が見られ，介護老人福祉施設の介護職員の方が有意に高値であった。すなわち介護老人福祉施設の介護職員の方が「仕事が手につかない」と強く感じている。

第4節　考察

第1項　グループホームとデイサービスセンターとの比較

両施設の介護職員間で有意差が見られた調査項目は，「怒りを感じる」，「内心腹立たしい」，「イライラしている」，「仕事が手につかない」の4項目であり，全てグループホームの介護職員の方が有意に高値であった。

両施設を比較するとグループホームはユニット型の入居施設であるのに対して，デイサービスセンターは通いの施設である点である。グループホームでは接する利用者は毎日同じであるのに対して，デイサービスセンターの利用者は日によって変わるため，介護職員と利用者が接する時間はグループホームよりは短くなることで，グループホームのように介護職員と利用者の人間関係が必要以上に密接になることは少ないと考えられる。

グループホームは介護職員のみで業務を行っているのに対して，デイサービスセンターの人員配置基準としては，介護職員以外に生活相談員や看護師等が配置されており，他職種も利用者や家族への対応を行っている点があげられる。

利用者，家族，介護職員間の捉え方に差があり，計画の理解が得られなく支援に結びつかなかったり，クレームになったりする（佐々木・北村，2017）。

利用者の違いについて，グループホームの利用者は全員が認知症であり，自宅での生活が困難な方々が入居しているのに対して，デイサービスセンターでは，認知症の利用者もいるが自宅で生活が可能な状態であり，また，認知症ではない利用者もいる点である。

認知症ケアにおける介護拒否は，利用者に対して攻撃的な感情を抱く心理的ストレス反応や職員自身が攻撃の対象となる心理的ストレス反応を生じる（中西，2011）。

グループホームがデイサービスセンターとのみ有意差が見られた点としては，グループホームのデイサービスセンター以外の施設との共通点として，入所施設である点があげられる。しかしながら，入所施設であってもユニット型施設が非ユニット型施設よりもストレス度は高いと考える。

　第２項　介護老人福祉施設と他施設との比較

　１．介護老人福祉施設の介護職員とデイサービスセンターの介護職員との比較

　　介護老人福祉施設とデイサービスセンターの介護職員間で有意差が見られた調査項目は，「内心腹立たしい」，「仕事が手につかない」の２項目であり，全て介護老人福祉施設の介護職員の方が有意に高値であった。両施設を比較すると介護老人福祉施設がユニット型の入所施設であるのに対して，デイサービスセンターは通いの施設である。そのため，介護老人福祉施設の介護職員は利用者との人間関係が非常に密接であるのに対して，デイサービスセンターの介護職員は利用者が毎日変わることから利用者との人間関係が必要以上に密接になりにくいといえる。また，利用者の要介護度において，デイサービスセンターの利用者は平均要介護度が 1.55 であるのに対して，介護老人福祉施設の利用者の平均要介護度は 3.80 となっており，介護老人福祉施設の利用者の方が，要介護度が重い点も違いとしてあげられる。

　２．介護老人福祉施設の介護職員と複合型サービス事業所の介護職員との比較

　　介護老人福祉施設と複合型サービス事業所の介護職員間で有意差及び有意傾向が見られた調査項目は，「落着かない」，「仕事が手につかない」の２項目であり，全て介護老人福祉施設の介護職員の方が有意に高値であった。両施設を比較すると介護老人福祉施設はユニット型の入所施設のため，基本的にユニット内の利用者に対応しているが，複合型サービス事業所では，有料老人ホーム，デイサービス，訪問介護など様々なサービスを提供しており，介護職員はその日によって接する利用者が変わることから，利用者との人間関係が必要以上に密接になることは少ないと考えられる。

　３．介護老人福祉施設の介護職員と介護老人保健施設の介護職員との比較

　　介護老人福祉施設と介護老人保健施設の介護職員間で有意差が見られた調査項目は，「仕事が手につかない」の１項目であり，介護老人福祉施設の介護職員の方が有意に高値であった。両施設を比較すると共に入所型の施設ではあるが，介護老人保健施設はユニット型の施設ではない点があげられる。また，人員配置基準において，介護老人保健施設は施設管理者が医師である点，看護師の配置人数が多く 24 時間常駐している点，支援相談員や理学療法士等が配置されているのに対して，介護老人福祉施設には生活相談員や看護師等は配置されているが，施設全体での配置となっておりユニット内においては介護職員のみで対応することが基本となっている。また，夜間帯は基本的に介護職員のみで対応しているなどの違いがあり介護老人保健施設の介護職員は，他職種との多職種連携が密接に行えることから業務の負担や責任が分散され軽減されていると考えられる。

　第３項　病院（介護療養型医療施設）とデイサービスセンターとの比較

　　両施設の介護職員間で有意差が見られた調査項目は，「内心腹立たしい」の１項目であ

り，病院の介護職員の方が有意に高値であった。

　両施設を比較すると病院は入院（入所）の施設であるのに対して，デイサービスセンターは通いの施設である点。病院の利用者の平均要介護度が4.09であるのに対して，デイサービスセンターの平均要介護度は1.55となっており，病院の利用者の平均要介護度が非常に重い点などがあげられる。また，利用者は医療依存度（点滴や酸素吸引が必要な状態など）の高い方が主に入院（入所）している点があげられる。

第4項　介護老人保健施設とデイサービスセンターとの比較

　両施設の介護職員間で有意差が見られた調査項目は，「内心腹立たしい」の1項目であり，介護老人保健施設の介護職員の方が有意に高値であった。

　両施設を比較すると介護老人保健施設が入所型の施設であるのに対して，デイサービスセンターは通いの施設である点。介護老人保健施設の利用者の平均要介護度が3.14であるのに対して，デイサービスセンターの利用者の平均要介護度は1.55となっており，介護老人保健施設の利用者の平均要介護度が重い点などがあげられる。

第5項　有意差及び有意傾向が見られた項目とバーンアウトの関連

　「怒りを感じる」，「内心腹立たしい」，「イライラしている」の3項目の反応については，共通性のある反応であると捉えることができる。これらの項目は，利用者からの介護拒否や業務量が多いことなどによって，自分の思っている様に仕事が進まないことなどによる不快感から始まり，それらが積み重なることによって感情が上手くコントロールできなくなる反応であると言える。特に認知症の利用者や要介護度の重い利用者への介護負担がそれにあたるのではないかと推察する。

　「落着かない」の反応については，不安や緊張などとも共通性のある反応であり，仕事に対する不安や緊張などによるこころに生じる不快感から始まる。特に利用者との人間関係（利用者への対応において失敗してしまうのではないか，利用者から苦情を言われるのではないか，上手くコミュニケーションが取れるであろうかなど）や業務に対する不安や緊張などが積み重なることによって，落着かなくなるのではないかと考える。

　「仕事が手につかない」の反応については，仕事を一生懸命行っていても，自分が思っている様に仕事が進まなかったこと，苦労をして仕事の目標を達成したとしても自分の仕事に対する評価をしてもらえないことなどから，仕事に対する気持ちが薄れてしまうことによって生じる反応である。

　バーンアウトは，何らかのきっかけによって，仕事に対する気持ちが低下し，あたかも燃え尽きたように活力を失った様な状態に陥ることである。主な症状としては，無気力，抑うつ，落ち着きのなさ，しらけた気分などがあげられる（桜井，2013）。今回の調査結果から有意傾向が見られた調査項目「落着かない」は，桜井（2013）の述べている主な

症状と一致しており，それらのストレス反応が蓄積されることによって，バーンアウトが生じている可能性が高いと言える。在宅サービスよりも施設サービス，さらに施設サービスにおいては，非ユニット型の施設よりもユニット型の施設に従事している介護職員が多くのストレスを抱えており，特にグループホームと介護老人福祉施設の介護職員は他施設の介護職員よりもバーンアウトを生じる可能性が高いことが推察される。

第6項　有意差及び有意傾向のある施設間の比較から見えてきたもの

　今回の研究結果から，特にグループホームと介護老人福祉施設に従事している介護職員が心理面（感情）の反応によるストレス度が，他施設の介護職員よりも有意に高値であることが明らかとなった。また，バーンアウトを生じている可能性も高いことが推察された。

　その要因として，1.認知症利用者への対応，2.利用者や利用者の家族との密接な人間関係，3.他職種との多職種連携の不足の3点があげられる。

1．認知症の利用者への対応

　認知症の利用者への対応において，「拒否される可能性がある」との見通しを持った状態での支援は，「不安」や「緊張」という心理的ストレスを抱えた状態で支援することになる（中西，2011）。また，「拒否されることはない」との見通しで支援した場合には，結果として拒否された場合，その予想外の反応から「怒り」などの別の心理的ストレス反応を抱える結果となる（中西，2011）。予測が困難であることが介護職員の心理的ストレス反応を生む原因となっていると考えられる。この点を考えると，心理的ストレス反応の発生を防ぐことは難しいことが予想され，適切なコーピングや緩衝効果を準備することが必要である（中西，2011）。

　利用者から介護を拒否されたり，同じ話や同じ行動の繰り返しや，コミュニケーションが取りづらかったりすることなどによって，自分の思うように仕事が進行しないなどの状況が発生することで，「怒り」などの感情が強くなったり，不安を抱えることで落着きがなくなったりするなどの心理面（感情）の反応による強いストレスを感じているのではないかと推察する。

2．利用者や利用者の家族との密接な人間関係

　利用者や利用者の家族との密接な人間関係では，ユニット型施設の特徴である常に決まった介護職員がケアを行うことで，利用者へ家庭的な環境において質の高いケアが行えるというメリットもある。しかし，我が国では小規模のユニットケアに移行して介護職員のストレスが深刻化した（長三・黒田，2007）との先行研究もある。小野寺ら（2007）は，高齢者介護職員のストレッサーとバーンアウトの関連についての研究において，利用者との関係が葛藤的になると疲弊感につながる可能性を示唆している。つまり，介護職員

と利用者や利用者の家族との人間関係が非常に密接となることにより，それが介護職員の心理面（感情）の反応のストレスへとつながり，それが積み重なることでバーンアウトを生じる可能性を高めると推察する。そのストレスを緩和させるためにもメンタルヘルスケア研修が必要であると考える。

３．他職種との多職種連携の不足

他職種との多職種連携の不足については，他職種との多職種連携の不足による業務の負担や責任の重さがストレスへとつながっていると推察される。他職種とは，介護職員以外の専門職をいい，特に医療系の職種との連携が少ない点があげられる。多職種連携とは，利用者に対して医療，看護，リハビリテーション，介護などの専門職が関わることで，利用者を主体的に捉え，ケアが適切かつ総合的に行えることである。それによってケア業務が分散されることで介護職員の業務の負担が軽減される。つまり，業務に対する責任も分散され軽減されることにより，心理面（感情）のストレスの軽減につながるのではないかと考えられることから，職員同士のソーシャルサポートやストレス耐性の強化へとつながるメンタルヘルスケア研修を行うことが効果的であると考える。

第4章
介護職員へのメンタルヘルスケア研修の必要性

第1節　問題と目的

　第2章と第3章では，介護職員のストレス状況調査の分析結果から身体面と心理面のストレス反応について考察を行った。第4章では，高齢者介護現場で働く介護職員の「ストレス」「バーンアウト」「メンタルヘルス」「メンタルヘルスケア研修」のキーワードに焦点を当てた先行研究を探求・概観し，介護職員へのメンタルヘルスケア研修の必要性を整理するとともに，研修の在り方について検討することを目的とする。また，どのような研修内容が効果的であるのか，かつ，どのような研修方法が相応しいのかを検討する。

第2節　研究の方法

　本研究では，国立国会図書館オンライン（NDL　ONLINE）による検索サイトから「介護職員・ストレス」「介護職員・バーンアウト」「介護職員・メンタルヘルス」「介護職員・メンタルヘルスケア研修」の4つのキーワードで文献ジャンル「全て」にて OR 検索（検索実施日 2022 年 10 月 11 日）を実施した。ヒット数は，「介護職員・ストレス」109 件，「介護職員・バーンアウト」30 件，「介護職員・メンタルヘルス」18 件，「介護職員・メンタルヘルスケア研修」2 件であった（重複あり）。その中から，ストレスやバーンアウトによる離職との関連性，ストレスやバーンアウトの予防対策やメンタルヘルス対策の必要性を論じている先行研究，および，本研究の題目である介護職員に向けたメンタルヘルスケア研修の構築の土台になると考えられる先行研究の動向を取り上げた（「表4－1 先行研究動向一覧」を参照　＊本章の引用符は本章と表4－1のみ適応とする）。また，介護保険制度が 2000 年 4 月に施行されたことを踏まえ，介護保険制度創設以降の研究動向を探ることとする。

第3節　本研究に関する研究の動向

　本研究に関する先行研究について類型化すると，1．介護職員のストレスとその対応方法について，2．介護職員のストレスやバーンアウトと労働環境・管理体制・組織特性の関連について，3．介護職員メンタルヘルスケア研修について，4．施設形態（ユニット

表4－1　先行研究動向一覧

本章引用番号	巻末引用・参考文献著者（発刊年）	題目	検索キーワード	研究動向類型	掲載誌	論文種別	Vol./No./p
1)	赤羽克子（2016）	介護職員とストレス－ストレス尺度を用いた分析－	ストレス	2.介護職員のストレスやバーンアウトと労働環境・管理体制・組織特性の関連について	地域ケアリング	雑誌	Vol.18, No.8, 49-51.
2)	赤羽克子（2017）	介護職員のメンタルヘルス対策について－ストレス調査の結果から－	ストレス・メンタルヘルス	1.介護職員のストレスとその対応方法について	地域ケアリング	雑誌	Vol.19, No.7, 57-60.
3)	赤羽克子（2018）	介護職員のストレスへのソーシャルサポートの必要性	ストレス	1.介護職員のストレスとその対応方法について	地域ケアリング	雑誌	Vol.20, No.13, 103-108.
4)	千草篤麿（2015）	特別養護老人ホーム職員にみられるメンタルヘルスの実態－介護職員の精神健康調査（ＧＨＱ）から－	メンタルヘルス	1.介護職員のストレスとその対応方法について	高田短期大学介護・福祉研究	紀要論文	No.1, 1-8.
5)	張允楨・長三紘平・黒田研二（2007）	特別養護老人ホームにおける介護職員のストレスに関する研究－小規模ケア型施設と従来型施設の比較－	ストレス	4.施設形態（ユニット型と従来型）の比較検証について	老年社会学	原著論文	Vol.29, No.3, 366-374.
6)	古川和稔（2012）	特別養護老人ホーム介護職員のバーンアウトに関する要因－職場の人間関係と専門性の認識に焦点をあてた施設単位での分析－	バーンアウト	5.その他	保育・教育・研究（宇都宮共和大学）	紀要論文	No.10, 31-45.
7)	古川和稔（2015）	介護職員のストレス	ストレス	1.介護職員のストレスとその対応方法について	日本労働研究雑誌	雑誌	No.658, 26-34.
8)	古川和稔・井上善行・小平めぐみ・野村晴美・藤尾裕子（2014a）	介護職員の現状（第1報）感情労働がバーンアウトに与える影響	バーンアウト	5.その他	JSCI自立支援介護学	原著論文	Vol.7, No.2, 114-121
9)	古川和稔・井上善行・小平めぐみ・野村晴美・藤尾裕子（2014b）	介護職員の現状（第2報）「現在の職場の認識」がバーンアウトに与える影響	バーンアウト	5.その他	JSCI自立支援介護学	原著論文	Vol.7, No.2, 122-128.
10)	堀内泉・髙野惠子（2021）	高齢者介護に従事する介護職員の感覚処理感受性および介護感・バーンアウト・離職に関する検討	バーンアウト	5.その他	甲子園短期大学紀要	紀要論文	No.39, 31-37.
11)	堀田聰子（2010）	介護保険事業所（施設系）における介護職員のストレス軽減と雇用管理	ストレス	2.介護職員のストレスやバーンアウトと労働環境・管理体制・組織特性の関連について	社会保障研究	原著論文	Vol.46, No.2, 150-163.

No.	著者（年）	タイトル	キーワード	分類	掲載誌	種別	巻号・頁
12)	井村弘子 (2005)	介護職員のメンタルヘルス −職場環境とバーンアウトとの関連−	バーンアウト・メンタルヘルス	2.介護職員のストレスやバーンアウトと労働環境・管理体制・組織特性の関連について	沖縄大学人文学部紀要	紀要論文	No.6, 79-89.
13)	伊東英章 (2014)	介護老人福祉施設における介護職員の日常的なストレスとその対応	ストレス	1.介護職員のストレスとその対応方法について	龍谷大学大学院文学研究科紀要	紀要論文	No.36, 43-58.
14)	河村諒 (2013)	高齢者施設における介護職員のバーンアウトに影響を与える死生観の検討	バーンアウト	5.その他	Hospice and Home Care	原著論文	Vol.21, No.3, 303-309.
15)	金慧英・石川久展 (2019)	介護職員のバーンアウト要因についての一考察 −職場環境の管理体制に着目して−	バーンアウト	2.介護職員のストレスやバーンアウトと労働環境・管理体制・組織特性の関連について	Human Welfare	原著論文	Vol.11, No.1, 109-117.
16)	近藤重晴 (2021a)	高齢者介護現場における介護職員のストレス状況等に関する研究 −施設、サービス種別による比較検証から見えてくること−	ストレス・バーンアウト・メンタルヘルス・メンタルヘルスケア研修	1.介護職員のストレスとその対応方法について	人間学研究	原著論文	No.19, 19-26.
17)	近藤重晴 (2021b)	高齢者介護現場における介護職員のストレスに関する研究 −身体面の反応に着目をして−	ストレス・バーンアウト・メンタルヘルス・メンタルヘルスケア研修	3.介護職員メンタルヘルスケア研修について	閣蔵	紀要論文	No.16・17, 93-118
18)	長三紘平・黒田研二 (2007)	特別養護老人ホームにおける小規模ケアの実施と介護職員のストレスの関係	ストレス	4.施設形態（ユニット型と従来型）の比較検証について	厚生の指標	報告	Vol.54, No.10, 1-6.
19)	小野寺敦志・畦地良平・志村ゆず (2007)	高齢者介護職員のストレッサーとバーンアウトの関連	バーンアウト	5.その他	老年社会科学	原著論文	Vol.28, No.4, 464-475.
20)	小野寺敦志 (2015)	介護職員の離職を考える −メンタルヘルスと人材育成の視点から−	メンタルヘルス	5.その他	老年社会科学	雑誌コラム	Vol.37, No.3, 341-346.
21)	佐々木さち子・北村愛子 (2017)	介護老人福祉施設における介護職員のストレスとその対応：日常の介護業務を通して	ストレス	1.介護職員のストレスとその対応方法について	身延山大学仏教学部紀要	紀要論文	No.18, 51-61.
22)	高橋恵 (2013)	介護職員のストレスに関する要因と教育研修の介入効果	ストレス	3.介護職員メンタルヘルスケア研修について	ストレス科学	原著論文	Vol.27, No.4, 401-409.
23)	田中康雄 (2020)	施設形態別の介護老人福祉施設における介護職員の職業性ストレスの差異の検討	ストレス	4.施設形態（ユニット型と従来型）の比較検証について	人間関係学研究	原著論文	Vol.25, No.1, 43-52.

（筆者作成　2023）

※本章の引用付は本章と表4−1のみ適応とする。

型と従来型）の比較検討について，5．その他に分類することができる。ここでは，それぞれの研究動向について述べる。

第1項　介護職員のストレスとその対応方法について

先行研究の中で多い研究のひとつが介護職員のストレスやバーンアウトの調査やインタビュー調査などを実施し，その対応方法について提案している研究である。

介護老人福祉施設の介護職員への半構造化面接によるインタビュー調査を実施し，日常的なストレスとストレス解消行動を伊東（2014）は明らかにし，「ストレスフルな現状を改善するモデルをシステムやコミュニケーション論の観点から検討することによって，メンタルヘルスを改善する可能性がある」[13] としており，介護職員のコミュニケーション能力の向上や介護職員間のコミュニケーションの重要性を明らかにしている。

千草（2015）は，「介護職員への精神健康調査の結果から介護職員個人の問題として，同じ環境の職場にいても，ストレス等で離職する者がある一方で，働き続ける者も多い。これは個人のレジリエンスの差にある（中略）特に獲得的レジリエンスについての研究を進めていくことが，職場のストレスへの対応として重要である」[4] と述べている。この研究では，介護職員個々人のレジリエンスの向上に向けた取り組みに焦点をあてている。レジリエンスの提唱者であるラター（Rutter,M.）（1985）は，「重篤なストレス状況下で一時的に落ち込みながらもそこから立ち直っていく過程や結果であり，適応的な機能を維持しようとする深刻な状況下にある抵抗力」と，祐宗（2007）は「ストレスに立ち向かい，それらを跳ね返そう，それらから立ち直ろうとする各個人が今持っているポジティブな力」と定義している。

古川（2015）は，「介護職員へのストレスについてのインタビュー調査を実施した結果から，介護職員がストレス対処法を身につけておき，ストレスを感じた場面ですぐにそれを実践することが重要である」[7] と述べており，介護職員自身がストレス対処法を身に付けておくことがストレスの軽減となりバーンアウトの予防につながると推察する。

「介護職員の人手不足によって，介護職員の一人当たりの仕事量を増加させ，身体的なストレスを生み，また利用者やその家族との人間関係，同一職種間での人間関係，他業種との人間関係，職場の上下関係などから精神的なストレスを生むことが懸念されており，介護職員のメンタルヘルス対策が重要になってくる」（赤羽，2017）[2]，また，「介護職員のメンタルヘルス対策のためには，職場環境や個人要因の影響を考慮しながら介護職員のストレスプロセスを把握することが有効である」[2] と赤羽（2017）はしている。職場内での介護職員のストレス状況を把握するとともに，適切な人間関係の構築方法を身に付ける必要があると考える。さらに赤羽（2018）は，「介護施設職員のストレス軽減のためには，①上司が部下の抱える問題や職場の問題について把握すること，②職員個々のソー

シャルスキルを高め，利用者への対応力や仕事のマネジメント力を高めることなどが重要である」[3] と示唆しており，職場内のストレスマネジメントと介護職員個々人のソーシャルスキルの向上やストレスマネジメントを学ぶことが重要であると考える。

　佐々木・北村（2017）は，「介護職員一人一人が利用者へのケアに関わる場面で具体的に何をストレスに感じているかを理解し，そのストレスに対してうまく対処できれば不適切なケアにはつながらない。また，メンタルヘルス対策について，一つは，個々の介護職員がストレスサインに気付き，セルフケアをすることであり，特に心理ストレスに遭遇した際には感情のコントロールができることである」[21] としており，介護職員自身がストレスに関する知識とその対処方法を身に付ける必要性があると推察する。

　近藤（2021a）は，「ストレス調査の結果から介護職員と利用者や利用者の家族との人間関係が非常に密接になることにより，それが介護職員の心理面（感情）の反応のストレスへと繋がり，それが積み重なることでバーンアウトを生じる可能性を高めると推察し，そのストレスを緩和させるためにメンタルヘルスケア研修が必要である」[16] と述べている。

　介護職員へのストレスやバーンアウトの調査を実施し，介護職員が抱えるストレスやバーンアウトの状況を明らかにし，その対応策としてストレスマネジメントやメンタルヘルスケアの知識を介護職員自身が習得する必要性を多くの先行研究が指摘している。

第２項　介護職員のストレスやバーンアウトと労働環境・管理体制・組織特性の関連について

　介護職員のストレスの要因として働く環境に着眼し，労働環境の改善を行うことで，介護職員のストレスやバーンアウトを軽減させ，離職を予防することができるとする先行研究がある。

　井村（2005）は，「職場環境や職場の雰囲気を改善・調整していくことがバーンアウトの防止・軽減につながり，介護職員のメンタルヘルスにとって重要であることが示唆されており，バーンアウトと職場環境との関係性を指摘し，職場環境や雰囲気を改善することでバーンアウトの防止・軽減につながる」[12] としており，職場の環境や雰囲気を良くするには，適切な人間関係の構築が必要であると考える。

　「介護職員の職場・仕事のストレッサーとストレス反応をみると人手不足感が広がるなかで，賃金が低いことに加え，利用者とゆっくりかかわれないこと，自分のケアの適切さや安全性について不安があることがストレスになっている」[11] と堀田（2010）は述べており，それらに対して，「能力向上に向けた研修，事故やトラブルへの対応体制，モラル向上に向けた研修，経営理念やケア方針についての説明機会の設定，介護保険制度や関係法令の改正情報の周知といった『組織整備・コンプライアンス』の徹底は，ストレス度の

緩和につながる」（堀田，2010）[11] としている。ストレス度の緩和には，様々な研修の実施と組織整備とコンプライアンスが重要であると考える。

赤羽（2016）は，「介護現場の人手不足の原因は，賃金の低さや労働環境の厳しさだけでなく，雇用管理上の問題にある（中略）介護現場の雇用管理上の対応としては，職員の年代ごとにストレッサー・ソーシャルスキル・コーピング・ストレス反応に差異がみられるため，年代ごとのストレスに配慮することが求められる」[1] としており，介護職員の年齢に応じた雇用管理とストレス対処方法が必要であると考える。

職場環境の労務管理といった組織的側面の改善がバーンアウトの低減につながるという視点から，金・石川（2019）らは，「バーンアウトの発症要因である介護施設の職場内ストレスには，大きく，作業内容・管理体制・役割関係・人間関係がある。これらのストレスに対して効果のある調整的要因を選択して，管理する体制を整備することによって，バーンアウトしにくい環境を作ることができる」[15] と述べており，労務管理などの組織的側面の改善によりバーンアウトを予防することができるのではないかと推察する。

職場の労働環境や雇用管理などの問題からストレスやバーンアウトが発生しやすい職場になることが指摘されており，労働環境や雇用管理などの改善によりストレスやバーンアウトが軽減もしくは予防することができるとされている。その対応策としては，職場内のストレスマネジメントが有効であると考える。

第3項　介護職員メンタルヘルスケア研修について

高橋（2013）は，「ストレス反応は研修などにより改善が可能であった。介護職員の精神的健康を維持するために，研修会を受講することも有効であるといえよう。確かな知識を得ることもストレス軽減につながるので，研修会やインターネットなどを通して実践的な知識を学習できるようにすることが重要である」[22] と述べている。

近藤（2021b）は，「介護職員の離職要因としてバーンアウトが関連していると推察される。ストレスを軽減させバーンアウトを予防する為には，介護職員に対して，職員同士のソーシャルサポートやストレス耐性の強化へと繋がるメンタルヘルスケア研修を行うことが効果的であると考える」[17] としている。

筆者がこの類型の先行研究を検索した結果，介護職員に向けたメンタルヘルスに関する研修を実施し，その効果を測定した先行研究は少なかった。

第4項　施設形態（ユニット型と従来型）の比較検討について

近年，介護老人福祉施設の形態としてユニット型（1 ユニット 9 名程度の利用者定員で，1 ユニットごとに決まった職員が配置され，少ない人数で顔なじみの職員が日常生活の支援を行うことで家庭的な雰囲気の中で生活を送ることのできる施設形態）と従来型（1 フロア 30 名から 40 名程度の利用者を多くの職員で支援する形態）で働く介護職員のスト

レスに関する比較検討を実施した先行研究が多く見られる。

　張ら（2007）は，「小規模ケア型施設（ユニット型）では，バーンアウトに対して組織特性は負の関連が認められたものの，蓄積的疲労徴候に対して組織特性は関連がみられず，ストレス防止機能は弱いことが示唆された」[5]としており，長三・黒田（2007）は，「施設形態がストレスに影響を及ぼしているかについての分析では，小規模ケア（ユニット型）の実施はバーンアウトを促進する要因となりうる（中略）介護職員の主観的ストレス感と施設全体のストレス要因に関して，小規模ケア型（ユニット型）は従来型より介護職員のストレスを深刻化させる傾向にあった」[18]と述べており，施設の形態（ユニット型と従来型）の違いによって，介護職員のストレス状況に差があることを指摘している。

　田中（2020）は，「特養の介護職員の離職防止に向けて，介護職員の自己管理だけでなく，施設形態に焦点をあて，施設形態毎の職業性ストレスやコーピングの特徴に合わせたストレスマネジメント体制を組織として構築していく必要性を示唆している。また，今後の特養における介護職員のストレスマネジメントにおいては，ストレス状況だけでなく，ストレス・コーピング状況についても，定期的な面接により，把握しておくことが求められる」[23]と述べている。それぞれの施設形態（ユニット型と従来型）に合わせたストレスマネジメントを組織として運用できるような体制づくりと，介護職員自身もストレスやバーンアウトの知識を習得することが必要である。

　施設形態別（ユニット型と従来型）の比較検討による先行研究において，ユニット型では少人数の利用者に対して，少ない職員で対応することで，利用者との人間関係においてのストレスが課題となるのではないか。従来型では，多くの職員が多くの利用者に対応することになるので，職員同士の人間関係においてのストレスが課題となるのではないかと推察する。その対応策としては，各施設形態に合わせた施設全体のストレスマネジメントと介護職員個々人が適切な人間関係の構築が行えるようになることが重要ではないかと考える。

第5項　その他

　介護職員のストレスやバーンアウトに関する先行研究において，前述の4つの分類の視点から研究が行われている。他には，介護職員への社会的評価や専門職としての意識，死生観などに焦点を当てた先行研究がある。ここでは，多種多様な視点から介護職員のストレスやバーンアウトについて論じられている先行研究を概観する。

　小野寺ら（2007）は，「職場における対人的コンフリクトは，バーンアウトにおける心身の疲弊感や他者に対する冷淡さ，温かみにかける介護につながりやすい。ゆえに，介護現場における職場の対人交流を促進させることは，バーンアウトの予防につながる」[19]と予測しており，介護職員と利用者や職員間の人間関係における葛藤は，ストレスとなり

バーンアウトにつながっていると推察する。それを予防するためにも介護職員が適切な人間関係を構築することができ，適切な対処方法を身に付ける必要があると考える。

古川（2012）は，「『専門性の認識』とバーンアウトには相関がみられた。（中略）『専門性の認識が高い施設ほど，バーンアウトは低い』，あるいは『専門性の認識が低い施設ほど，バーンアウトが高い』ということである。このことから，職員教育などを通して，介護職員が自らの業務の専門性を構築し，認識できるような体制を整えることは，離職防止の観点から重要ではないかと考える」[6]と述べており，介護職員の専門職としての意識の向上と共に，介護職員への社会的評価が高まることにより，介護職員の仕事へのモチベーションが向上し，離職を防止することにつながるのではないかと推察する。

河村（2013）は，「バーンアウトの３因子である脱人格化，個人的達成感，情緒的消耗感に影響を及ぼす死生観，及び，死生観と性別や家族や身内の看取り経験，死の教育の経験の有無といった基本属性との関連を明らかにした」[14]そして，「生を充実したものとして前向きにとらえ，死はそのような生の先にあるものとしてとらえること，また，入所者のＱＯＬを高め，今の生が充実したものとなるような介護を目指すようはたらきかけることで，介護職員自身のモチベーションや充実感が高まり，人生を積極的に，前向きにとらえるようになり，脱人格化や情緒的消耗感が低くなり，個人的達成感が高まることが考えられる」[14]と述べている。今後の高齢者介護現場において看取りを経験する介護職員が増加することから介護職員へのグリーフケアなども充実させる必要があると推察する。

古川ら（2014a）は，「感情労働がバーンアウトに対して，促進的にも防衛的にも関連していることが示唆された。（中略）介護職員の職場定着に向けては，現場の介護職員が抱えるこのような感情管理をマネジメントしながら職場づくりを進めていく必要がある」[8]と述べている。また，古川ら（2014b）は，「現在の職場に対する肯定的な認識が，バーンアウトに防衛的に働いていた（中略）特に，人間関係に対する認識は，他の領域と比較して強く影響していた。また，給与の満足度より，勤務体制や休暇取得に対する満足度の方が，バーンアウトに対してより防衛的な影響を与えていた」[9]としており，離職を防止するのには，介護職員自身が感情をコントロールすることができる能力や良好な人間関係を構築する方法を身に付けること，働きやすい職場環境の整備が重要であると考える。

離職とメンタルヘルスならびに人材育成との関連について小野寺（2015）は，「ストレッサーとなりうる職場環境のあり方が，介護職員の離職意向を高める要因となりうることが示唆される（中略）負荷のかかる職場環境や職場環境の悪化は，介護職員のストレスを増加させ，離職を選択させる要因になる（中略）離職は介護職員の問題ではなく，介護施設といった介護事業所，もっといえば経営者側が介護の質をどのように担保するかという課題と理解することもできる」[20]と述べており，介護職員の離職問題は，介護職員個々

人の責任ではなく労働環境を整える経営者側にあるとしている。

　堀内・高野（2021）は，「介護職員のバーンアウトを予防することは，介護職員のメンタルヘルスマネジメントに寄与し，また離職を低減するものであると考えられる」[10] と述べており，介護職員のバーンアウトを予防するには，介護職員がストレスやバーンアウトに関する知識と対処方法を身に付けることが重要であると推察する。

　その他としては，「職員の人間関係における葛藤」や「介護職員の専門性の認識」，「介護職員の死生観」や「介護職員のメンタルヘルスマネジメント」などが先行研究で見られた。介護の仕事は，人と人との関係性によって成り立っていると考えられるので，適切な人間関係の構築が介護職員のストレスを軽減させ，バーンアウトを予防するのではないかと考えられる。

第4節　介護職員へのメンタルヘルスケア研修の必要性

　先行研究から高齢者介護現場で働く介護職員のストレスやバーンアウトに関する多くの研究が行われており，離職の要因やサービスの質の低下につながることも指摘されている。

　介護職員のストレスを要因とするバーンアウトを予防するには，労働環境の整備やストレスマネジメントなどの一環としてメンタルヘルスケア研修を実施し，介護職員自身が様々な知識を得て，円滑な人間関係を構築することができ，「セルフケア」が行えるようになることが必要である。しかし，先の章で述べたように，介護職員へのメンタルヘルスケア研修についての先行研究は少ない。また，高橋（2013）の研究では，認知症介護実践者研修内において，介護職員のストレスやストレス反応に関する知識の提供とその対処法などを検討する機会を設けている研修を実施している[22]。

　以上，筆者が先行研究を検索した結果，介護職員へのメンタルヘルスケア研修のみに焦点を当て，研修を実施し効果測定を行っている研究は見られなかったことから，筆者はメンタルヘルスケア研修を実施し，その効果測定を行い研修の有効性を探求する研究を行うことが重要であると考える。

　古市（2017）は，「介護職員にとって介護教育の段階で感情労働やストレスに対しての自分自身をケアするといった教育がなされていない状況の為，介護教育の段階から感情労働に対しての知識をつけることと，現場教育としてのストレスに対しての対処方法を学び続けていくことが求められるのではないかという示唆が得られた」と述べており，介護職員へのメンタルヘルスケア研修を実施している介護サービス事業者や自らメンタルヘルスケア研修を受講している介護職員は少ないのではないかと推察される。そこで，筆者は介護職員へのメンタルヘルスケア研修を実施することが，ストレスの軽減とバーンアウトの

予防へとつながり，介護職員の不足や利用者への虐待などの問題解決への一助となるのではないかと考える。そして，介護サービス事業者や介護職員自身にメンタルヘルスケア研修の重要性を理解してもらい，研修会の開催や参加に積極的に取り組んでもらえる様な環境づくりや啓発活動が必要である。

第5節　結論

　本研究の目的は，「先行研究を探求・概観し，介護職員へのメンタルヘルスケア研修の必要性を整理すること」と「研修の在り方について検討すること」である。

　前者については，介護職員の抱えるストレスやバーンアウトの問題について多くの先行研究が指摘しており，その対応方法についてもストレスやバーンアウトに関する研修やストレスマネジメントを含めた労働環境の整備が重要であると述べられている。したがって，介護職員に向けたメンタルヘルスケア研修を実施する必要性があると考える。

　後者については，労働環境の整備の一環として，ストレス耐性の強化や適切な人間関係の構築方法，他者理解や自己理解などの知識が得られ，介護職員自身が「セルフケア」を行えるようになるメンタルヘルスケア研修を構築することが必要であると考えられる。

　介護職員へ実施するメンタルヘルスケア研修について，対面による研修を検討しているが，2020年から続いている新型コロナウイルス感染症の影響により，介護職員が不特定多数の人と直接接することになる対面式の研修を計画的に実施することは難しい状況が続いている。

　現在，多くの大学の講義や企業の会議などではオンラインを利用して実施されている状況であり，ホブデイほか（Hobday,J.V. et al.）(2010)は，「インターネットを利用した介護職員の教育が時間的にも経済的にも効果的である」と報告していることから，感染リスクの低いオンラインメンタルヘルスケア研修を構築したいと考える。

第5章
オンラインメンタルヘルスケア研修プログラムの構築

第1節　問題と目的

　第5章の目的は，第4章における先行研究の探求から介護職員へ向けたメンタルヘルスケア研修プログラムを構築し，その効果を測定する方法を確立することである。しかし，現在，新型コロナウイルス感染症の影響により，感染リスクの観点から対面による研修の実施は困難な状況にある。そこで自宅や職場から第三者と直接会うことなく参加することができ，感染リスクの低いオンラインメンタルヘルスケア研修プログラムの構築を目指すこととした。

　本論では，オンラインメンタルヘルスケア研修プログラムの構築を目的とし，研修の立案・計画と実施方法について提示し，それを検討することとする。

　この研究を通して，少しでも介護職員の働く環境が改善され，介護職員の離職が減少し，介護職員不足の問題や養介護施設従事者による虐待問題が少しでも軽減されるのであれば，介護サービスを利用している利用者や家族の不安や負担も軽減することができるのではないかと考える。

第2節　研究の方法

　セリエ（Selye,H.）（1936）のストレスの概念やラザルスとフォルクマン（Lazarus,R.S. & Folkman.S.）（1991）によるストレスコーピング，マスラックとジャクソン（Maslach,C. & Jackson,S.E.)(1986)や久保（2004）によるバーンアウトの定義，そして，ホームズとレイ（Holmes,T.H. & Rahe,R.H.）（1967）によるライフイベント（社会的再適応評価尺度）や新版 TEG 3 などを取り入れた介護職員向けのオンラインメンタルヘルスケア研修プログラムを構築し実施する。

　研修の前と後に，ストレス状況調査やバーンアウト調査などを実施する。研修受講後にオンライン個別面談及びインタビュー調査を実施し，その結果の比較検討・分析を行い，オンラインメンタルヘルスケア研修の効果測定を実施すると共に，介護職員メンタルヘルスケア研修を確立する。

第3節　オンラインメンタルヘルスケア研修の実施計画と方法

　当初は，対面での研修を計画し，同朋大学倫理委員会の承認（2021 年 3 月 3 日付「承認」承認番号 2020-03-1）を得ていたが，新型コロナウイルス感染症の影響により，感染リスクの観点から対面による研修の実施は困難な状況にある。そこで自宅や職場から第三者と直接会うことなく参加することができ，感染リスクの低いオンラインメンタルヘルスケア研修プログラムの構築を目指すこととし，再度，同朋大学倫理委員会の承認（2022 年 3 月 24 日付「承認」承認番号 2021-02-01）を得て，ZOOM などを利用したオンラインメンタルヘルスケア研修を計画・実施することとした。具体的には図 5 － 1（オンラインメンタルヘルスケア研修スケジュール）のようになる。ここでは図 5 － 1 に示した実施計画と方法の詳細，それに関連する倫理的配慮について述べることにする。

第1項　計画と方法

ステップ 1

①オンラインメンタルヘルスケア研修参加者（研究協力者）の募集

　参加者定員を 30 名とし，ランダムに選んだ高齢者サービス事業所及び施設（100 か所を予定）へオンラインメンタルヘルスケア研修参加者（研究協力者）の募集案内を郵送する。案内には，研究目的・研究内容・研修計画などを記載した研究説明書と研修スケジュール（図 5 － 1　オンラインメンタルヘルスケア研修スケジュール）を同封し，その内容に同意頂くことと全ての研修スケジュールに参加することを前提に申し込みを依頼する。

　申し込みは E メールにて受付を行う。受付の際は参加希望者（研究協力者）の住所・氏名・勤務先法人名を記載するように依頼する。住所と氏名は研究説明書と研究同意書を郵送するために使用する。勤務先法人名は，研修内で実施するグループワークの際に，同一法人の参加者（研究協力者）が同じグループになることを予防するための情報である。

　参加者定員を 30 名とした理由としては，研修には ZOOM を利用するため一つの画面内で参加者（研究協力者）の状況を把握できるのが 30 名程度であること。また，研修内でグループワークを行う際に，筆者が各グループを巡回するのに 5 グループ程度が限界であることから，1 グループ 6 名の 5 グループを形成する予定とし参加者定員を 30 名とした。

ステップ 2

②研究同意書・誓約書の作成

　参加申込者（研究協力者）へ「研究説明書」と「研究同意書・誓約書」を郵送する（書面での説明・同意とする）。郵送の際に参加申込者（研究協力者）一人ひとりに，受付番

号（個人番号）を付与する。以後は付与した受付番号（個人番号）を活用することで個人情報を保護する。

「研究同意書・誓約書」については，研究内容を理解し研究協力への同意と研修をオンラインで実施するため，研修内容を録画・録音しないことや研修内やグループワーク内で知り得た参加者（研究協力者）の個人情報や固有名詞などに対して集団守秘義務を順守すること。また，研修内で他の参加者の迷惑となるような行為を予防する為に，誓約書の作成を依頼する。受付番号（個人番号）については，最初の参加申込以後は個人情報の保護の観点から参加者（研究協力者）全員を受付番号（個人番号）で管理する。

ステップ3

③参加希望者（研究協力者）の受付

「研究同意書・誓約書」が届いた参加希望者（研究協力者）へ，グーグルフォームを利用して受付を行う。受付内容は，1. 受付番号（個人番号），2. 生年月日，3. 性別，4. 現在就業しているサービス種別，5. 介護職の経験年数，6. 雇用形態（正職員・非正職員），7. 資格の有無（介護福祉士など）の情報を収集する。

ステップ4

④オンラインメンタルヘルスケア研修 ZOOM 招待メール送付

グーグルフォームに受付情報が届いた参加希望者（研究協力者）へ，オンラインメンタルヘルスケア研修 ZOOM 招待メールを送付する。

ステップ5

⑤第1回健康状況調査

グーグルフォームを利用して第1回健康状況調査を実施する。健康状況調査の内容としては，「介護職員の健康状況調査票Ⅰ（ストレス状況調査）」と「介護職員の健康状況調査票Ⅱ（バーンアウト調査）」を実施する。

「介護職員の健康状況調査票Ⅰ（ストレス状況調査）」は，「職業性ストレス簡易調査票」（厚生労働省，2016）を使用する。「介護職員の健康状況調査票Ⅱ（バーンアウト調査）」は，久保（2004）によるバーンアウト尺度を使用する。

ステップ6

⑥オンラインメンタルヘルスケア研修Ⅰ

第1回目となる「オンラインメンタルヘルスケア研修Ⅰ」を実施する。第1部として講義形式（40分）による「ストレスとは何か，バーンアウトとは何かを学ぶ」を実施する。

セリエ（1936）やマスラックとジャクソン（1986），久保（2004）によるストレスやバーンアウトのメカニズムを知ることで自分自身のストレス状況を理解し，セルフケアが

行えるようにする。

　第2部として ZOOM のブレイクアウトルーム機能を利用して，1グループ6名のグループワーク（30分）を実施する。グループワークの内容は「あなたのストレスとなっていることは何ですか」とする。その後，グループ内で話し合った内容を発表（10分）する。最後にまとめ（10分）を行う。自分の抱えているストレスとなっている事柄を言語化し，外に出すことでストレスの軽減となる。自分の話を聴いてもらったり，他者のストレスの状況を聴くことで，自分だけではないのだと共感性が生まれ仲間意識が芽生えることで，ソーシャルサポートへとつながりストレスの軽減となる。

　ステップ7

⑦自己覚知（自分を知る）

　オンラインメンタルヘルスケア研修Ⅰ終了後に，新版 TEG3（オンライン版）を実施する。自己を知ることで，ストレス対処方法のヒントとなる。また，次のオンラインメンタルヘルスケア研修Ⅱへの準備となる。

　ステップ8

⑧オンラインメンタルヘルスケア研修Ⅱ

　第2回目となる「オンラインメンタルヘルスケア研修Ⅱ」を実施する。第1部として講義形式（40分）による「ストレスコーピングとは何かを学ぶ」を実施する。ラザルスとフォルクマン（1991）によるストレスコーピングなどのストレス対処方法のメカニズムを知ることで，今後の自分自身に合ったストレス対処方法を習得する。

　第2部として ZOOM のブレイクアウトルーム機能を利用して，1グループ6名のグループワーク（30分）を実施する。グループワークの内容は「あなたのストレス対処（解消）方法は何ですか」とする。その後，グループ内で話し合った内容を発表（10分）する。最後にまとめ（10分）を行う。自分や他者のストレス対処方法を話したり聴いたりして，自分に合った新たなストレス対処方法を見つけることで，セルフケアが行える様になりバーンアウトの予防につながる。

　ステップ9

⑨第1回オンライン個別面談

　第1回健康状況調査と新版 TEG3（オンライン版）の結果を含め，現在のストレス状況や自身の特性などをフィードバックする。オンラインメンタルヘルスケア研修を受講しての感想やストレス状況の変化を確認することなどのインタビュー調査を目的に1人30分の半構造化面接によるオンライン個別面談を実施する。

　インタビュー調査では，1.今までにメンタルヘルスケア研修などを受講したことはありますか。2.今回のメンタルヘルスケア研修を受講していかがでしたか。3.今，どんな

ことでストレスを感じていますか。4. 今，ストレス対処（解消）方法としてどんなこと
をしていますか。5. 研修受講後のストレス状況に変化はありましたか。6. 研修受講後，
ライフスタイルやライフイベントに何か変化はありましたか。7. 今後もメンタルヘルス
ケア研修を受講したいですか。8. 受講した研修の中で，良かった点・改善した方が良い
点を教えて下さい。9. その他感じたことや意見などの聴き取り調査を実施する。

　ステップ 10

⑩第 2 回健康状況調査

　第 1 回オンライン個別面談の終了者から順次，グーグルフォームを利用して第 2 回健
康状況調査を実施する。健康状況調査の内容としては，第 1 回健康状況調査と同様とす
る。

　ステップ 11

⑪第 3 回健康状況調査

　グーグルフォームを利用して，第 3 回健康状況調査を実施する。健康状況調査の内容
としては，第 1 回健康状況調査と同様とする（オンラインメンタルヘルスケア研修 II 実
施後 5 カ月〜 6 カ月後に実施する）。

　ステップ 12

⑫第 2 回オンライン個別面談

　第 2 回オンライン個別面談を実施する。3 回の健康状況調査の結果などをフィードバッ
クする。研修受講開始から約半年経過した現在のストレス状況やストレス対処方法の実施
状況，ライフスタイルやライフイベントに何か変化があったか。自己覚知をして何か変化
はあったかなどを含めたインタビュー調査を実施する。インタビュー調査票は第 1 回オ
ンライン個別面談と同様とする。

オンラインメンタルヘルスケア研修スケジュール

ステップ1	①オンラインメンタルヘルスケ研修参加者（研究協力者）の募集（定員30名） ランダムに選んだ高齢者サービス事業所及び施設に，オンラインメンタルヘルスケア研修参加者（研究協力者）募集の案内を郵送する。 案内には，研究目的や研究内容を記載した研究説明書，研修スケジュールを同封し，それに同意頂くことを前提に申し込みをお願いする。 申し込みは，Eメールにて受付をする（住所・氏名・勤務先法人名）。
ステップ2	②参加申込者（研究協力者）へ研究説明書，「研究同意書・誓約書」を郵送する。 参加申込者（研究協力者）へ研究説明書，「同意書・誓約書」を郵送する際に，受付番号（個人番号）を付与する。 以後は，受付番号（個人番号）を活用することで個人情報を保護する。
ステップ3	③研究同意書・誓約書が届いた参加希望者（研究協力者）へ，グーグルフォームを使用して受付を行う。 受付内容 1.受付番号（個人番号） 2.生年月日 3.性別 4.現在就業しているサービス種別 5.介護職の経験年数 6.雇用形態（正職員・非正職員） 7.資格（介護福祉士・介護職員初任者研修・なし）
ステップ4	④グーグルフォームに受付情報が届いた参加希望者（研究協力者）へ，研修ZOOMの招待メールを送る。
ステップ5	⑤研修前日までに，グーグルフォームを使用して，第1回健康状況調査を実施する。 ※グーグルフォームを使用しての健康状況調査は，個人情報保護の観点から 参加者全員に，受付番号（個人番号）を付与して実施することで，個人を特定できないように工夫をする。 1.健康状況調査Ⅰ（ストレス状況調査） 2.健康状況調査Ⅱ（バーンアウト調査）
ステップ6	⑥オンラインメンタルヘルスケア研修Ⅰ（90分）を実施する。 第1部 「ストレスとは何か，バーンアウトとは何かを学ぶ」40分 第2部 「あなたのストレスとなっていることは何ですか」 1グループ6名のグループワーク30分（ZOOMのブレイクアウトルーム機能を使用）・発表10分・まとめ10分 自分の抱えているストレス状況を言語化し，外に出すことで，ストレスの軽減となる。 自分のことを聴いてもらったり，他者のストレス状況を聴くことで， 自分だけではないんだとの共感性が生まれ，ソーシャルサポートへと繋がりストレスの軽減となる。
ステップ7	⑦自己覚知（自分を知る） オンラインメンタルヘルスケア研修Ⅰ終了後に，新版TEG3（オンライン版）を実施する。
ステップ8	⑧オンラインメンタルヘルスケア研修Ⅱ（90分）を実施する。 第1部 「ストレスコーピングとは何かを学ぶ」40分 第2部 「あなたのストレス対処（解消）方法は何ですか」 1グループ6名のグループワーク30分（ZOOMのブレイクアウトルーム機能を使用）・発表10分・まとめ10分 自分や他者のストレス対処方法を，話したり聴いたりして，自分に合った新たなストレス対処方法を見つける。
ステップ9	⑨第1回オンライン個別面談（30分／1人・日時は個別に設定する） 第1回健康状況調査と新版TEG3の結果をフィードバックすると共に，インタビュー調査を実施する。
ステップ10	⑩第2回健康状況調査を実施する。 第1回オンライン個別面談が終了した方から順次実施する。
ステップ11	⑪第3回健康状況調査を実施する。（オンラインメンタルヘルスケア研修Ⅱ実施後5カ月〜6カ月後に実施）
ステップ12	⑫第2回オンライン個別面談（30分／1人・日時は個別に設定する） 3回の健康状況調査等の結果をフィードバック。研修後のストレス状況はどうか。 ライフスタイルに変化はなかったか。自己覚知をして何か変化はあったか等のインタビュー調査を実施する。

図5－1 オンラインメンタルヘルスケア研修スケジュール （筆者作成 2021）

　　第 2 項　倫理的配慮

　参加希望者（研究協力者）を募集する段階より，研究目的や研究内容，オンラインメンタルヘルスケア研修スケジュール（図 5 - 1）を明示する。そして，研究内容に同意頂くこととスケジュール全ての日程に参加できることを前提に参加の申し込みを依頼する。

　参加希望者（研究協力者）から申し込みがあった後，「研究説明書」と「研究同意書・誓約書」を郵送する（書面での説明・同意とする）。その際に受付番号（個人番号）を付与し，その後に実施する健康状況調査等においては，受付番号（個人番号）を活用して個人が特定されない様にする。また，Ｅメールで受付した内容（住所，氏名，勤務先法人名）については，内容を確認し別途保存した後直ちに消去する。「研究同意書・誓約書」が得られた後に，健康状況調査等を開始する。研修内（ZOOM 内）では，本名以外のニックネームなどでの参加も可能とする。また，研修内で知り得た個人的な情報等は，研修参加者（研究協力者）に口外しないように，集団守秘義務を順守するように誓約書内で誓約を依頼する。

　収集したデータは，パスワードを設定した USB メモリに保存する。研究終了後，5 年間保存し，その後データを完全に消去する。研修及び個別面談の録画データは，データ収集後直ちに消去する。

第 4 節　オンラインメンタルヘルスケア研修の効果測定と結果の分析方法

（1）　第 1 回健康状況調査と第 2 回健康状況調査の結果の差異について，第 1 回健康状況調査と第 3 回健康状況調査の結果の差異について，第 2 回健康状況調査と第 3 回健康状況調査の結果の差異についてを，一元配置分散分析（対応あり）を使用して数量的分析を行い比較検討する。

（2）　第 1 回オンライン個別面談と第 2 回オンライン個別面談の内容について，質的内容分析を使用して比較検討する。

（3）　（1）（2）の比較検討結果を総合的に検討し，オンラインメンタルヘルスケア研修の有効性を検討する。

（4）　（1）～（3）の検討結果を踏まえて，オンラインメンタルヘルスケア研修を構築する。

第 5 節　オンラインメンタルヘルスケア研修を実施する上での課題

　オンラインメンタルヘルスケア研修を実施する上での課題として，参加希望者（研究協力者）を不特定多数から募集することで「誰が参加するのかがわからない」やＥメールによる申し込みや研修の全て（研究説明書，研究同意書・誓約書は除く）がインターネッ

トを利用する為，セキュリティへの不安などから参加を敬遠する人も予測される。

　全て（研究説明書，研究同意書・誓約書は除く）がインターネットを活用した研修となる為，インターネット環境が整っている人のみの参加となる可能性が高い。

　個別面談やグループワークなどを実施する際に，直接会って話すのではなく画面越しとなる為，お互いのコミュニケーションが上手く図れるかなどが挙げられる。

　また，介護サービス事業者において介護職員へのメンタルヘルスケア研修を実施している事業者は少ないと推察される。それは，人手不足により時間的余裕がない。都道府県による実地指導等におけるチェック項目の職員研修に職員へのメンタルヘルスケア研修が含まれていない点や介護サービス情報の公表制度における調査対象項目の研修項目にメンタルヘルスケア研修が含まれていないなど介護職員へのメンタルヘルスケアが重要視されていない点が挙げられる。

　介護サービス事業者に介護職員のメンタルヘルスケア研修の重要性を理解してもらい研修会の開催に積極的に取り組んでもらえる様な環境づくりや啓発活動が必要である。

　本章では，オンラインメンタルヘルスケア研修プログラムを構築することができた。第4章にて述べたように筆者が先行研究を探求した結果，オンラインによる研修と対面による研修の双方を実施して，比較検討した先行研究はみられなかった。そこで，コロナ禍が終息し感染リスクがなくなり，対面による研修が実施可能な状況になった際には，対面による研修を実施し，今回実施するオンライン研修の結果と対面による研修の結果を比較検討する機会を持ちたいと考える。

　この研究を通して，介護職員向けのメンタルヘルスケア研修を構築・実践していくことで介護職員のこころの健康が保たれ，バーンアウトが予防されることで介護職員の不足問題や介護職員による利用者への虐待などの問題が軽減される一助としたい。

第6章
介護職員メンタルヘルスケア研修の構築に関する研究
－オンラインメンタルヘルスケア研修の実践と検討－

第1節　はじめに

　第6章では，第5章にて構築したオンラインメンタルヘルスケア研修を実践し，その後，半構造化面接によるオンライン個別面談を研修終了直後と研修終了半年経過後の2回実施した。そして，そのオンライン個別面談から「研修終了後のストレスおよびバーンアウトの状況の変化について」検討をする。

第2節　研究方法・倫理的配慮

第1項　研究方法

　介護職員へオンラインメンタルヘルスケア研修ⅠとⅡ（図6－1　オンラインメンタルヘルスケア研修スケジュール）を実施し，その後，半構造化面接による2回のオンライン個別面談を行い，研修終了後のストレスおよびバーンアウトの状況の変化について，質的分析の手法の一つであるKJ法（川喜田，1967・1996）的質的内容分析を用いて検討を行った。なお，半構造化面接による2回のオンライン個別面談は，参加者の同意を得て，録画を行った。

　KJ法（川喜田，1967・1996）的質的内容分析は，3人（筆者，人間学研究科仏教人間学専攻臨床心理分野博士後期課程の大学院生，そして，教員）で実施した。

　まず，第1回と第2回のオンライン個別面談の録画データから逐語録を作成し，そこから「研修終了後のストレスおよびバーンアウト状況に変化」について示すラベルを付与した。次に，類似する現象を示すラベルをグルーピングし，カテゴリー化した。
その詳細は以下のとおりであった。

　①研修参加者の回答を切片化して，ラベルを作成した。一文の長さを基本としたが，研修参加者の発言をそのまま使用した場合もあった。

　②作成したラベルを分類した。まず，筆者が同じ内容を表しているラベルごとにグルーピングし，他の2名と合意が成立するまで繰り返し行った。最終的なグループに内容を表すラベルを作成した。

　③筆者と他の2名で，ラベルを付与したグループ（カテゴリー）の配置を検討した。

オンラインメンタルヘルスケア研修スケジュール

2022年4月1日〜 2022年5月31日	①オンラインメンタルヘルスケア研修参加者（研究協力者）の募集（定員30名） ランダムに選んだ高齢者サービス事業所及び施設に、オンラインメンタルヘルスケア研修参加者（研究協力者）募集の案内を郵送する。 案内には、研究目的や研究内容を記載した研究説明書、研修スケジュールを同封し、それに同意頂くことを前提に申し込みをお願いする。 申し込みは、Eメールにて受付をする（住所・氏名・勤務先法人名）。
2022年4月1日〜 2022年5月31日	②参加申込者（研究協力者）へ研究説明書、「研究同意書・誓約書」を郵送する。 参加申込者（研究協力者）へ研究説明書、「同意書・誓約書」を郵送する際に、受付番号（個人番号）を付与する。 以後は、受付番号（個人番号）を活用することで個人情報を保護する。
2022年5月1日〜 2022年5月31日	③研究同意書・誓約書が届いた参加希望者（研究協力者）へ、グーグルフォームを使用して受付を行う。 受付内容 1.受付番号（個人番号） 2.生年月日 3.性別 4.現在就業しているサービス種別 5.介護職の経験年数 6.雇用形態（正職員・非正職員） 7.資格（介護福祉士・介護職員初任者研修・なし）
2022年5月31日	④グーグルフォームに受付情報が届いた参加希望者（研究協力者）へ、研修ZOOMの招待メールを送る。
2022年5月31日〜 2022年6月11日	⑤研修前日までに、グーグルフォームを使用して、第1回健康状況調査を実施する。 ※グーグルフォームを使用しての健康状況調査は、個人情報保護の観点から 参加者全員に、受付番号（個人番号）を付与して実施することで、個人を特定できないように工夫をする。 1.健康状況調査Ⅰ（ストレス状況調査） 2.健康状況調査Ⅱ（バーンアウト調査）
2022年 6月12日（日） 13時30分〜 15時00分	⑥オンラインメンタルヘルスケア研修Ⅰ（90分）を実施する。 第1部 「ストレスとは何か，バーンアウトとは何かを学ぶ」40分 第2部 「あなたのストレスとなっていることは何ですか」 1グループ6名のグループワーク30分（ZOOMのブレイクアウトルーム機能を使用）・発表10分・まとめ10分 自分の抱えているストレス状況を言語化し、外に出すことで、ストレスの軽減となる。 自分のことを聴いてもらったり、他者のストレス状況を聴くことで、 自分だけではないんだとの共感性が生まれ、ソーシャルサポートへと繋がりストレスの軽減となる。
2022年 6月12日（日）	⑦自己覚知（自分を知る） オンラインメンタルヘルスケア研修Ⅰ終了後に、新版TEG3（オンライン版）を実施する。
2022年 7月10日（日） 13時30分〜 15時00分	⑧オンラインメンタルヘルスケア研修Ⅱ（90分）を実施する。 第1部 「ストレスコーピングとは何かを学ぶ」40分 第2部 「あなたのストレス対処（解消）方法は何ですか」 1グループ6名のグループワーク30分（ZOOMのブレイクアウトルーム機能を使用）・発表10分・まとめ10分 自分や他者のストレス対処方法を、話したり聴いたりして、自分に合った新たなストレス対処方法を見つける。
2022年7月15日〜 2022年8月31日	⑨第1回オンライン個別面談（30分／1人・日時は個別に設定する） 第1回健康状況調査と新版TEG3の結果をフィードバックすると共に、インタビュー調査を実施する。
2022年7月15日〜 2022年8月31日	⑩第2回健康状況調査Ⅰ・Ⅱを実施する。 第1回オンライン個別面談が終了した方から順次実施する。
2022年12月1日	⑪第3回健康状況調査Ⅰ・Ⅱを実施する。
2023年2月1日〜 2023年2月28日	⑫第2回オンライン個別面談（30分／1人・日時は個別に設定する） 3回の健康状況調査等の結果をフィードバック。研修後のストレス状況はどうか。 ライフスタイルに変化はなかったか。自己覚知をして何か変化はあったか等のインタビュー調査を実施する。
2023年5月1日〜 2023年5月31日	⑬個別事例検討インタビュー調査 介護職員メンタルヘルスケア研修実践後の個別事例検討 〜個別事例検討インタビュー調査〜

図6−1 オンラインメンタルヘルスケア研修スケジュール （筆者作成 2023）

④筆者と他の2名で，カテゴリー間の過程を検討した。

⑤カテゴリー間の過程を検討した結果図を作成し研修の効果を検討した。

第2項　オンラインメンタルヘルスケア研修の実践内容

1．参加者募集から健康状況調査Ⅰ・Ⅱの実施

2022年4月1日〜2022年6月11日

「図6−1　オンラインメンタルヘルスケア研修スケジュール」にある，「①オンラインメンタルヘルスケア研修参加者の募集」は，ランダムに選んだ（訪問介護事業所16施設・通所介護施設16施設・グループホーム16施設・有料老人ホーム16施設・介護老人保健施設16施設・介護老人福祉施設16施設・介護医療院4施設）の計100施設の介護職員宛てに，「オンラインメンタルヘルスケア研修スケジュール」「オンラインメンタルヘルスケア参加者（研究協力者）研究説明書」「オンラインメンタルヘルスケア参加者（研究協力者）募集のお知らせ」の3種類の書類を郵送にて配布した。申し込みはEメールにて受付を行った。

その後，募集期間内に11名から問い合わせがあり，11名へ研究説明書，研修スケジュール，研究同意書・誓約書および，個人情報保護やプライバシー保護の観点から参加者へ受付番号（個人番号）を付与した案内文を郵送（図6−1②）した。

次に研究同意書・誓約書が届いた参加希望者へグーグルフォームを活用して受付（図6−1③）を実施した。受付内容は，1.受付番号（個人番号），2.生年月日，3.性別，4.現在就業しているサービス種別，5.介護職の経験年数，6.雇用形態（正職員・非正職員），7.資格の有無（介護福祉士など）の情報を収集した。研修参加者は8名（表6−1参照），全ての日程（インタビュー調査を含む）に参加したのが3名であった。

次にグーグルフォームに受付情報が届いた参加希望者へ2022年5月31日に研修のZOOM招待メールを送り（図6−1④），その後，参加者希望者へ第1回目の研修までに，第1回健康状況調査Ⅰ・Ⅱ（図6−1⑤）を実施した。健康状況調査Ⅰは，職業性ストレス簡易調査票（厚生労働省，2016）を使用し，健康状況調査Ⅱは，久保（2004）による日本版バーンアウト尺度を使用した。

参加者	性別	年代	介護職員経験年数	資格	勤務先サービス種別	参加状況
A	女性	20代	4年	介護福祉士	訪問介護	第3回健康状況調査までは、参加
B	男性	30代	13年	介護福祉士	グループホーム	第3回健康状況調査までは、参加
C	女性	50代	14年	なし	通所介護	全ての日程に参加（インタビュー調査実施）
D	女性	60代	28年	介護福祉士	グループホーム	全ての日程に参加（インタビュー調査実施）
E	女性	40代	20年	介護福祉士	介護老人保健施設	全ての日程に参加（インタビュー調査実施）
F	女性	30代	15年	介護福祉士	介護老人保健施設	仕事の都合で不参加
G	女性	40代	14年	介護福祉士	グループホーム	仕事の都合で不参加
H	女性	40代	10年	介護福祉士	通所介護	研修Ⅰには参加されるも、その後の日程は、仕事の都合で不参加

（筆者作成　2023）

2．第1回　オンラインメンタルヘルスケア研修の実践概要

オンラインメンタルヘルスケア研修Ⅰを実施する（図6－1⑥）。

実施日時：2022年6月12日（日）13時30分から15時00分

参加者6名

第1部として講義形式（40分）による「ストレスとは何か，バーンアウトとは何かを学ぶ」（p.102巻末別紙資料1　オンラインメンタルヘルスケア研修Ⅰ）を実施した。セリエ（Selye,H.）（1936）やマスラックとジャクソン（Maslach,C. & Jackson,S.E.)(1986)，久保（2004）によるストレスやバーンアウトのメカニズムを知ることで自分自身のストレス状況を理解し，自己理解とセルフケアが行えるようにすることを目的としている。

第2部としてグループワーク（30分）を実施する。グループワークの内容は「あなたのストレスとなっていることは何ですか」とする。その後，グループ内で話し合った内容を発表（10分）する。最後にまとめ（10分）を行う。自分の抱えているストレスとなっている事柄を言語化し，外に出すことでストレスの軽減となる。自分の話を聴いてもらったり，他者のストレスの状況を聴くことで，自分だけではないのだとの共感性が生まれ仲間意識が芽生えることで，ソーシャルサポートへとつながり，ストレスの軽減へとつながることを目的としている。

自己覚知（自分を知る）として，オンラインメンタルヘルスケア研修Ⅰ終了直後に，新

版 TEG3（オンライン版）を実施（図6－1⑦）する。自己を知ることで，ストレス対処方法やセルフケアのヒントとして，また，次のオンラインメンタルヘルスケア研修Ⅱへの準備として実施した。

3.　第2回　オンラインメンタルヘルスケア研修の実践概要

オンラインメンタルヘルスケア研修Ⅱを実施する（図6－1⑧）。

実施日時：2022年7月10日（日）13時30分から15時00分

参加者5名

第1部として講義形式（40分）による「ストレスコーピングとは何かを学ぶ」（p.108巻末別紙資料2　オンラインメンタルヘルスケア研修Ⅱ）を実施する。ラザルスとフォルクマン（Lazarus,R.S. & Folkman,S.）（1991）によるストレスコーピングなどのストレス対処方法のメカニズムを知ることで，今後の自分自身に合ったストレス対処方法の習得を目的としている。

第2部としてグループワーク（30分）を実施する。グループワークの内容は「あなたのストレス対処（解消）方法は何ですか」とする。その後，グループ内で話し合った内容を発表（10分）する。最後にまとめ（10分）を行う。自分や他者のストレス対処方法を話したり聴いたりして，自分に合った新たなストレス対処方法を見つけることで，セルフケアが行える様になり，ストレスが軽減してバーンアウトの予防につながることを目的としている。

4.　第1回オンライン個別面談から第2回オンライン個別面談および個別事例検討インタビュー調査

オンラインメンタルヘルスケア研修Ⅱ終了後，第1回オンライン個別面談（図6－1⑨）を実施した。第1回オンライン個別面談の参加者は5名であった。個別面談直後に第2回健康状況調査Ⅰ・Ⅱを実施（図6－1⑩）した。オンラインメンタルヘルスケア研修Ⅱ終了5か月後の2022年12月1日に第3回健康状況調査Ⅰ・Ⅱを実施（図6－1⑪）した。最後にオンラインメンタルヘルスケア研修Ⅱ終了半年後の2023年2月に第2回オンライン個別面談を実施（図6－1⑫）した。第2回オンライン個別面談の参加者は3名であった。

当初の研修参加者見込み数（定員）は，30名程度であったが，実際の参加者申込者は8名で，オンラインメンタルヘルスケア研修Ⅰ・Ⅱ両方を受講した参加者は5名と少なかったことから，事例研究として3名の参加者に協力を依頼し，個別事例検討インタビュー調査（図6－1⑬）を2023年5月に実施した（個別事例検討インタビュー調査については第7章で述べる）。

第3項　倫理的配慮

　参加希望者（研究協力者）を募集する段階より，研究目的や研究内容，「図6－1　オンラインメンタルヘルスケア研修スケジュール」を明示し，研究内容に同意いただくこととスケジュールの全ての日程に参加できることを前提に参加の申し込みを依頼した。

　参加希望者（研究協力者）から申し込みがあった後，「研究説明書」と「研究同意書・誓約書」を郵送した（新型コロナウイルス感染症の感染対策から書面での説明・同意とした）。その際に受付番号（個人番号）を付与し，その後に実施する健康状況調査等においては，受付番号（個人番号）を活用して個人が特定されないようにした。また，Eメールで受付した内容（住所，氏名，勤務先法人名）については，内容を確認し別途保存した後，直ちに消去した。

　「研究同意書・誓約書」が得られた後に，健康状況調査等を開始した。研修内（ZOOM内）では，本名以外のニックネームなどでの参加も可能とした。また，研修内で知り得た個人的な情報等は，研修参加者（研究協力者）に口外しないように，集団守秘義務を順守する旨，誓約書内で誓約を依頼した。

　収集したデータは，パスワードを設定したUSBメモリに保存する。研究終了後，5年間保存し，その後データを完全に消去する。研修及び個別面談の録画データは，データ収集後直ちに消去した。

　上記のように，新型コロナウイルス感染症のリスクを考慮し，全て非接触となるように工夫を行い，全ての研修参加希望者へ文書にて研究内容や個人を特定できないように工夫するなどのプライバシーに関する説明を郵送にて行い，研修開始前に研究協力同意書を得て実施した。

　本研究は，同朋大学倫理委員会の承認（承認番号2021-02-01）を得て実施した。

第3節　第1回オンライン個別面談

第1項　第1回オンライン個別面談の結果

　オンラインメンタルヘルスケア研修Ⅱ終了後に第1回オンライン個別面談を実施した。「研修終了後のストレスおよびバーンアウト状況に変化はありますか」の設問に対して，5名（参加者A，B，C，D，E）の参加者の内，3名（A，C，D）は研修終了後の変化を感じているが，2名（B，E）は特に変化を感じていなかった。ここでは，先の研究方法のところで述べたように，5名の聞き取りを行い，録画したものから逐語録を作成し，個別のラベル（切片化）を作成した。次にラベルを分類しグルーピングしてカテゴリーに分類したものを表したのが「表6－2　第1回オンライン個別面談時の変化について」である。

　尚，以下に述べる文中の【　】はカテゴリー，〔　〕はサブカテゴリー，〈　〉はラベルを示す。また，［　］は参加者の発言を示す。

　その結果から〈スタッフに仕事を割り振る際に，この人なら何が適しているかを考えるようになった（A)〉のラベルをサブカテゴリーとして〔他者への配慮〕と名付けて分類することができた。

　〈他者の気持ちの変化が良くわかるようになった（C)〉，〈この人，今日は気分が悪いんだなぁとか，ストレスたまってるんだなぁとかがわかるようになった（C)〉，〈自分は自分の考えでものを言っているけれども，相手の行動は違った考えのもとから出ているということがわかった（D)〉のラベルをサブカテゴリーとして〔他者理解〕と名付けて分類した。

　〈他者が自分と同じ熱量とか考えを持っているとは限らないと考えながら行動するようになった（A)〉，〈ちょっと接し方も，今日はあまり近づかないでおこうとか，良くわかるようになった（C)〉のラベルをサブカテゴリーとして〔人間関係における対応方法の変化〕と名付けて分類することができた。

　〈自分の意見と他者の意見は違うということを前提に，一呼吸おいて理解するようになった（A)〉，〈なんか悪いことしたかなぁと思うのではなくて，ストレスたまってるんだなぁと思えるようになった（C)〉，〈自分の心のコントロールについて知ることで，他者とのコミュニケーションの際に，少し冷静になってから話すことを心掛けるようになった（D)〉のラベルをサブカテゴリーとして〔セルフコントロール〕と名付け分類した。

　〈自分への怒りだと思っていたら，実は別の怒りを私に向けているだけなんだなぁと思えるようになったことで，少し気が楽になった（C)〉のラベルをサブカテゴリーとして〔セルフケア〕と名付けて分類することができた。

　〈自分では気を付けようとはするものの，行動と感情はともなわない。そこが難しい（A)〉，〈自己分析となる機会だった（A)〉，〈自分では気づけなかったことがわかった（D)〉のラベルをサブカテゴリーとして〔自己分析〕と名付けて分類した。

　サブカテゴリーとして〔他者への配慮〕，〔他者理解〕，〔人間関係における対応方法の変化〕，〔セルフコントロール〕，〔セルフケア〕，〔自己分析〕の6種類に構成することができ，これらを〔他者への配慮〕，〔他者理解〕，〔人間関係における対応方法の変化〕のカテゴリーとして【他者との関係】と名付け，〔セルフコントロール〕，〔セルフケア〕，〔自己分析〕のカテゴリーとして【自己理解】と名付けて分類することができ，2種類のカテゴリーに構成することができた。

表６−２　第１回オンライン個別面談時の変化について

カテゴリー	サブカテゴリー	ラ　ベ　ル
他者との関係	他者への配慮	・スタッフに仕事を割り振る際に，この人なら何が適しているかを考えるようになった。（A）
	他者理解	・他者の気持ちの変化が良くわかるようになった。（C）
		・この人，今日は気分が悪いんだなぁとか，ストレスたまってるんだなぁとかがわかるようになった。（C）
		・自分は自分の考えでものを言っているけれども，相手の行動は違った考えのもとから出ているということがわかった。（D）
	人間関係における対応方法の変化	・他者が自分と同じ熱量とか考えを持っているとは限らないと考えながら行動するようになった。（A）
		・ちょっと接し方も，今日はあまり近づかないでおこうとか，良くわかるようになった。（C）
自己理解	セルフコントロール	・自分の意見と他者の意見は違うということを前提に，一呼吸おいて理解するようになった。（A）
		・なんか悪いことしたかなぁと思うのではなくて，ストレスたまってるんだなぁと思えるようになった。（C）
		・自分の心のコントロールについて知ることで，他者とのコミュニケーションの際に，少し冷静になってから話すことを心掛けるようになった。（D）
	セルフケア	・自分への怒りだと思っていたら，実は別の怒りを私に向けているだけなんだなぁと思えるようになったことで，少し気が楽になった。（C）
	自己分析	・自分では気を付けようとはするものの，行動と感情はともなわない。そこが難しい。（A）
		・自己分析となる機会だった。（A）
		・自分では気づけなかったことがわかった。（D）

（筆者作成　2023）

第２項　第１回オンライン個別面談の考察

　第１回オンライン個別面談の結果（表６−２　第１回オンライン個別面談時の変化について）から結果図として「図６−２　研修終了後の変化について」を作成した。

　【他者との関係】において，〔他者への配慮〕では，スタッフの適正などを考慮してシフトを調整する配慮を心掛けることができるようになっていると考えられる。〔他者理解〕では他者の気持ちの変化や状況を判断し，理解することができるようになることで他者との関係性を良好に保つことができるようになるのではないかと推察する。〔人間関係における対応方法の変化〕では，他者と自分の考え方や気持ちに違いがあることを理解して，その状況に応じて対応を変化させることができるようになっていると考えられる。

　【自己理解】において，〔セルフコントロール〕では，他者とコミュニケーションを図る際に，間を置くことができるようになることで冷静な対応が行えるよう変化したのではな

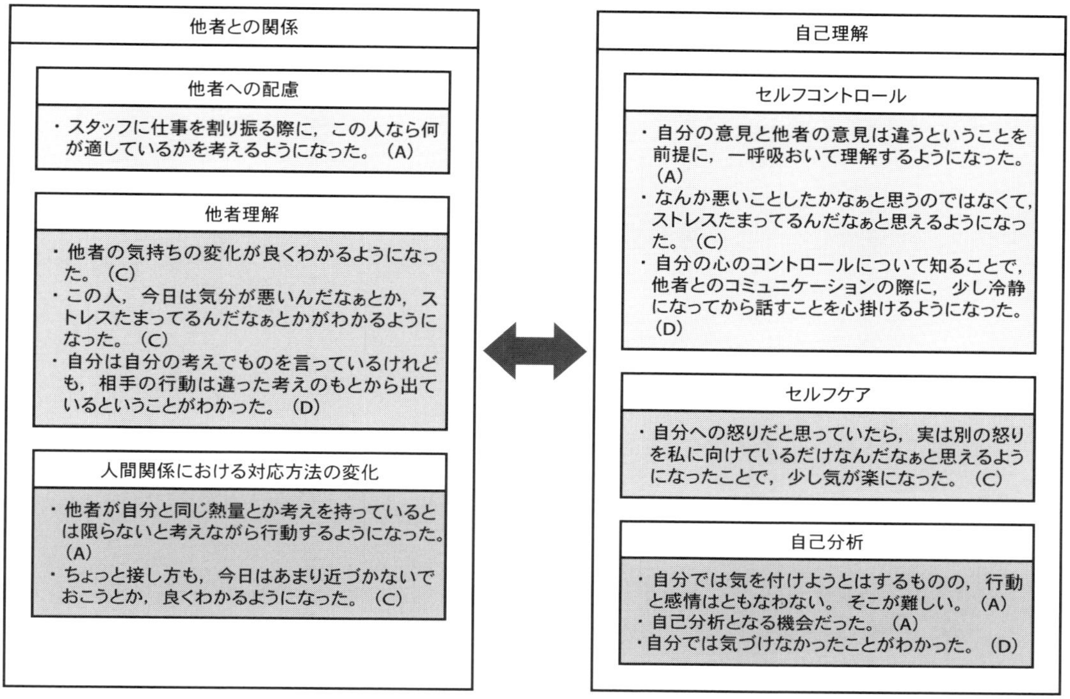

図6－2　研修終了後の変化について（筆者作成　2023）

いかと推察する。〔セルフケア〕では，他者の気持ちを観察し理解することで，自身の気持ちを落ち着かせることができるようになっていると考えられる。〔自己分析〕では，研修を受講したことで，自己を知る機会となったと推察する。

　第1回オンライン個別面談の結果から研修を受講したことによるストレスの軽減というよりも，【他者との関係】において〔他者への配慮〕や〔他者理解〕が身に付いたり，研修後の人間関係において対応方法を変化させて実践することができるようになったという点があげられる。【自己理解】においては，自分と他者の違いを理解し，コミュニケーションを図る際に，少し間を置くなどして〔セルフコントロール〕を実践することができるようになっており，また，他者を理解したことで自分の気持ちが少し楽になるなど〔セルフケア〕が行えるようなっている。研修を受講したことが自分自身を見つめ直す機会となり〔自己分析〕を行ったことで【自己理解】が深まったのではないかと考えられる。

　小野寺ら（2007）は，「職場における対人的コンフリクトは，バーンアウトにおける心身の疲弊感や他者に対する冷淡さ，温かみにかける介護につながりやすい。ゆえに，介護現場における職場の対人交流を促進させることは，バーンアウトの予防につながる」と述べており，介護職員と利用者や職員間の人間関係における葛藤は，ストレスとなりバーンアウトにつながっており，それを予防するためにも介護職員が適切な人間関係を構築する

ことができ，適切な対処方法を身に付ける必要があると考える。

古川（2015）は，「介護職員へのストレスについてのインタビュー調査を実施した結果から，介護職員がストレス対処法を身につけておき，ストレスを感じた場面ですぐにそれを実践することが重要である」としており，介護職員自身がストレス対処法を身に付けておくことがストレスの軽減となりバーンアウトの予防につながると推察する。

佐々木・北村（2017）は，「メンタルヘルス対策として，個々の介護職員がストレスサインに気付き，セルフケアをすることであり，特に心理ストレスに遭遇した際には，感情のコントロールができることである」と述べており，介護職員が自己を理解することで〔セルフケア〕や〔セルフコントロール〕を実践することができるようになるのではないかと考えられる。

今回の研修を受講したことで，〔他者理解〕と【自己理解】が深められ，こころの〔セルフコントロール〕や〔セルフケア〕が身に付いたのではないか，そして，人間関係におけるストレスの軽減ができるようになり，バーンアウトの予防につながるのではないかと推察する。

【他者との関係】と【自己理解】が相互に影響し合いながら研修参加者に変化が生じていると考えられる。

一方，研修終了後の変化を感じていなかった2名（B，E）について，参加者Bは，［今回の研修を受講しようと思った目的が，職場への何かしらのフィードバックになればと考えて，職場でのメンタルヘルスに関する研修を行う際に，参考になればと思って受講したので，個人ではなく職場におけるストレスマネジメントのような内容がもうちょっとあれば良かったです］と述べており，研修の参加目的が，勤務先でメンタルヘルス研修を実施する際に，参考にできればとの目的であったため，自分自身のことを考えるよりは，業務的な視点での参加であったことから，変化を感じていない様子であった。

しかしながら，研修参加者募集の案内において研修のスケジュールや内容を提示していることから，参加前の段階で研修内容はおおよそ判断ができたと考えられる。オンライン個別面談においては，自分の事を曝したくはないという防衛的な面が表れているのではないかと推察する。

参加者Eは，研修開始時には既に産休に入っていて仕事を休んでおり，オンラインメンタルヘルスケア研修Ⅰを受講後に出産され，研修Ⅱの受講時は出産後であった。第1回オンライン個別面談時も育児休業中で仕事を休んでおり，仕事面におけるストレスおよびバーンアウト状況の変化については感じていなかったと考えられる。

第4節　第2回オンライン個別面談

第1項　第2回オンライン個別面談の結果

　オンラインメンタルヘルスケア研修Ⅱ終了後，半年経過した2023年2月に第2回オンライン個別面談を実施し，参加者は3名（参加者C，D，E）であった。「研修終了後のストレスおよびバーンアウト状況に変化はありますか」の設問に対して，参加者Cは，同僚や上司との人間関係に悩んでいる時期で，面談中に涙ぐむこともあった。反面，介護福祉士の取得を目指すことを決意している。参加者Dは，研修によって，【自己理解】を深めることができるようになっている。参加者Eは，前回の面談までは産休中であったが，職場復帰したことで，改めて仕事面でのストレスを感じていると共に，元々苦手なケアマネの業務を研修によって再認識している。

　ここでは，先の研究方法のところで述べたように，3名の聞き取りを行い，録画したものから逐語録を作成し，個別のラベル（切片化）を作成した。次にラベルを分類しグルーピングしてカテゴリーに分類したものを表したのが「表6−3　第2回オンライン個別面談時の変化について」である。

　その結果から〈この人は，ストレスを感じているので，こういう言い方をするのかなぁって，勉強したことをつなげて，最初は良かったですけど，やっぱり違うなぁと思って，嫌いだなぁと思った（C）〉のラベルをサブカテゴリーとして〔他者理解〕と名付けて分類することができた。

　〈周りの人に助けてもらっているのがストレスの軽減になっていると感じています（E）〉のラベルをサブカテゴリーとして〔ソーシャルサポート〕と名付けて分類した。

　〈自分の考え方を変えようと思ったけど，その勉強をして見方を変えようと思ったんですけど，やっぱ嫌いだなぁと思った（C）〉のラベルをサブカテゴリーとして〔セルフコントロール〕と名付けた。

　〈勤務形態（1日勤務から午前勤務のみに）を変更して，その日の仕事の流れをシミュレーションをして，その人となるべく関わらないようにしている（C）〉のラベルをサブカテゴリーとして〔セルフケア〕と名付けて分類することができた。

表6-3　第2回オンライン個別面談時の変化について

カテゴリー	サブカテゴリー	ラ　ベ　ル
他者との関係	他者理解	・この人は，ストレスを感じているので，こういう言い方をするのかなぁって，勉強したことをつなげて，最初は良かったですけど，やっぱり違うなぁと思って，嫌いだなぁと思った。（C）
	ソーシャルサポート	・周りの人に助けてもらっているのがストレスの軽減になっていると感じています。（E）
自己理解	セルフコントロール	・自分の考え方を変えようと思ったけど，その勉強をして見方を変えようと思ったんですけど，やっぱ嫌いだなぁと思った。（C）
	セルフケア	・勤務形態（1日勤務から午前勤務のみに）を変更して，その日の仕事の流れをシミュレーションをして，その人となるべく関わらないようにしている。（C）
	自己分析	・自分の気が付かないストレスだったりとか，自分にはストレスはないないと思っていたくらいだから，深く気づくことができた。（D）
		・自分で自分のことがわかるようになった。（D）
		・仕事に復帰してやっぱり多少は，ストレスや疲れが出ているんだぁと思って，変わっているなぁと思いました。（E）
		・自分では思っていなかったことも数字で見えるとわかる。（E）
自己開発	仕事に対するモチベーションの向上	・今まではあまり，介護福祉士を取得しようという気持ちになることは少なかったが，研修を受講して，いろいろな人の話を聴いて，やっぱり取得しようと思っているが，そんな気持ちになったことで，未来が見えて，目標にしたいと思っている。（C）
		・ケアマネの仕事を好きになれるような研修があったら，好きになれたらストレスは減るのかな，ちょっとは改善されるのかな，仕事に対する嫌だという気持ちが減るのかなぁって，思ったんですけど。（E）

（筆者作成　2023）

　〈自分の気が付かないストレスだったりとか，自分にはストレスはないないと思っていたくらいだから，深く気づくことができた（D）〉，〈自分で自分のことがわかるようになった（D）〉，〈仕事に復帰してやっぱり多少は，ストレスや疲れが出ているんだぁと思って，変わっているなぁと思いました（E）〉，〈自分では思っていなかったことも数字で見えるとわかる（E）〉のラベルをサブカテゴリーとして〔自己分析〕と名付けて分類した。

　〈今まではあまり，介護福祉士を取得しようという気持ちになることは少なかったが，研修を受講して，いろいろな人の話を聴いて，やっぱり取得しようと思っているが，そんな気持ちになったことで，未来が見えて，目標にしたいと思っている（C）〉，〈ケアマネの仕事を好きになれるような研修があったら，好きになれたらストレスは減るのかな，ちょっとは改善されるのかな，仕事に対する嫌だという気持ちが減るのかなぁって，思ったんですけど（E）〉のラベルをサブカテゴリーとして〔仕事に対するモチベーションの

向上〕と名付け分類することができた。

　サブカテゴリーとして〔他者理解〕，〔ソーシャルサポート〕，〔セルフコントロール〕，〔セルフケア〕，〔自己分析〕，〔仕事に対するモチベーションの向上〕の６種類に構成することができた。これらを〔他者理解〕，〔ソーシャルサポート〕のカテゴリーとして【他者との関係】と名付け分類した。〔セルフコントロール〕，〔セルフケア〕，〔自己分析〕のカテゴリーとして【自己理解】と名付けて分類することができた。〔仕事に対するモチベーションの向上〕のカテゴリーとして【自己開発】と名付け，３種類のカテゴリーに構成することができた。

第２項　第２回オンライン個別面談の考察

　第２回オンライン個別面談の結果（表６−３　第２回オンライン個別面談時の変化について）から結果図として「図６−３　研修終了後（半年経過）の変化について」を作成した。

　【他者との関係】において，〔他者理解〕や〔ソーシャルサポート〕の面で変化を感じている。〔他者理解〕では，研修で学んだことを実践するも上手くいかずに職場での人間関係が悪化してしまったと考えられる。〔ソーシャルサポート〕においては，同僚に助けられていることがストレスの軽減につながっていると感じており，〔ソーシャルサポート〕の重要性を感じていると推察する。

　【自己理解】では，〔セルフコントロール〕や〔セルフケア〕，〔自己分析〕の面で変化を感じている。〔セルフコントロール〕では，研修で学んだように自分の考え方を変化させて対応しようとするも上手く対応できずにストレス度が高まってしまっている状況であると考えられる。〔セルフケア〕では，セルフコントロールが上手くいかなかったことから，悪化した人間関係を回避しようと自身の勤務形態を変更してその職員との関わる機会を減らす方法に気持ちを切り替えることで，ストレスを軽減させる対応を実践したのではないかと推察する。〔自己分析〕においては，仕事に復帰したことにより仕事面におけるストレスを感じるようなっていたり，研修を受講することで改めて自己を理解する機会となったと考えられる。

　新たに【自己開発】では，〔仕事に対するモチベーションの向上〕が見られており，研修を受講したことをきっかけに，【他者との関係】と【自己理解】の相互作用によって，今までは消極的であった介護福祉士の取得を目指すようになったり，苦手な業務を改善しようという気持ちが芽生えたりと研修によって仕事に対する意識が高まったのではないかと推察する。

他者との関係	自己理解

他者との関係

他者理解
- この人は，ストレスを感じているので，こういう言い方をするのかなぁって，勉強したことをつなげて，最初は良かったですけど，やっぱり違うなぁと思って，嫌いだなぁと思った。（C）

ソーシャルサポート
- 周りの人に助けてもらっているのがストレスの軽減になっていると感じています。（E）

自己理解

セルフコントロール
- 自分の考え方を変えようと思ったけど，その勉強をして見方を変えようと思ったんですけど，やっぱ嫌いだなぁと思った。（C）

セルフケア
- 勤務形態（1日勤務から午前勤務のみに）を変更して，その日の仕事の流れをシミュレーションをして，その人となるべく関わらないようにしている。（C）

自己分析
- 自分の気が付かないストレスだったりとか，自分にはストレスはないないと思っていたくらいだから，深く気づくことができた。（D）
- 自分で自分のことがわかるようになった。（D）
- 仕事に復帰してやっぱり多少は，ストレスや疲れが出ているんだぁと思って，変わっているなぁと思いました。（E）
- 自分では思っていなかったことも数字で見えるとわかる。（E）

自己開発

仕事に対するモチベーションの向上
- 今まではあまり，介護福祉士を取得しようという気持ちになることは少なかったが，研修を受講して，いろいろな人の話を聴いて，やっぱり取得しようと思っているが，そんな気持ちになったことで，未来が見えて，目標にしたいと思っている。（C）
- ケアマネの仕事を好きになれるような研修があったら，好きになれたらストレスは減るのかな，ちょっとは改善されるのかな，仕事に対する嫌だという気持ちが減るのかなぁって，思ったんですけど。（E）

図6−3　研修終了後（半年経過）の変化について　（筆者作成　2023）

古川（2012）は、「『専門性の認識』とバーンアウトには相関がみられた。（中略）『専門性の認識が高い施設ほど，バーンアウトは低い』，あるいは『専門性の認識が低い施設ほど，バーンアウトが高い』ということである。このことから，職員教育などを通して，介護職員が自らの業務の専門性を構築し，認識できるような体制を整えることは，，離職防止の観点から重要ではないかと考える」と述べており，介護専門職としての意識が向上することにより，，介護職員の仕事へのモチベーションが向上し，バーンアウトを予防することにつながるのではないかと推察する。

　赤羽（2018）は，「介護施設職員のストレス軽減のためには，①上司が部下の抱える問題や職場の問題について把握すること，②職員個々のソーシャルスキルを高め，利用者への対応力や仕事のマネジメント力を高めることなどが重要である」としており，職場内のストレスマネジメントと介護職員個々人のソーシャルスキルの向上やメンタルヘルスケアに関する知識を得ることが重要であると考える。

第5節　今後の課題

第1項　オンラインメンタルヘルスケア研修のメリットとデメリット

1．メリット

　オンラインメンタルヘルスケア研修のメリットとして，今回の参加者からオンライン研修について，好意的な意見が多く寄せられた。[オンラインであれば，受講場所を自宅でも職場でも選ぶことができる] や [自宅から受講できるので，研修会場に出向かなくて済む]，[出かける準備（パジャマでも参加できる）をしなくても済む] など，研修の受講場所を参加者自身で選ぶことができる点があげられた。また，新型コロナウイルス感染症による影響を受けることなく研修や個別面談を予定どおり実施することや感染リスクを負うことなく研修に参加できることは，オンライン研修の大きなメリットであった。

2．デメリット

　オンラインメンタルヘルスケア研修のデメリットとして，[大学の講義のようで，眠くなってしまった] や [オンラインだと話を聴いているぶんには良いが，自分がしゃべるのは，嫌だな]，[対面の方が，グループワークはやりやすい]，[対面の方が，話しやすいし，もっと話せたかも]，[対面だと休憩時間などで，他の参加者との情報交換や新しい出会いがあったりする] など，対面でないことから他の参加者とのコミュニケーションが取りづらいという面が，オンライン研修の大きなデメリットであった。

第2項　参加者が少なかった点

　研修計画当初は，30名程度の参加者を見込んでいたものの，実際の申込者は8名で，その内，オンラインメンタルヘルスケア研修Iの参加者は6名であった。オンラインメンタルヘルスケア研修IIの参加者は5名と1名減り，第1回オンライン個別面談の参加者は5名であった。第2回オンライン個別面談の参加者は3名であり，全ての研修スケジュールに参加したのは3名であった。

　参加者が少なかった要因として，参加者から [同僚が今回の研修の受講を希望しても仕事のシフトの都合で，参加を見送った] と仕事の都合で研修スケジュールが合わずに参加を見送った希望者もいた。今回の研修は，オンラインメンタルヘルスケア研修I・IIとも

日曜日の昼のみの実施だったことから，同じ研修を複数回（平日の昼間や夜間，祝祭日の昼間や夜間などに）実施するなど，勤務シフトを変更することなく研修に参加できるように工夫することで参加者の増加が見込まれることが推察された。

　今後の課題として，複数回の研修実施とともに，研修会の告知方法の工夫や募集地域の拡大などを検討する必要がある。また，今回参加者が少なく断念せざるを得なかった数量的分析を実施することができるように実践を積み重ねたい。そのためには，介護職員自身だけでなく施設管理者や施設経営者へも介護職員へのメンタルヘルスケア研修の重要性を啓発する必要があると考える。そして，管理者や経営者が直接，介護職員に参加を促すような職場環境に整えていくことができればと考えられる。

　さらに，参加者の参加動機について検討する余地がある。今回の実践では，自らの意思により参加したのか，施設等の上司による業務命令にて参加したのかを確認していない。

　自らの意思で参加した場合は，仕事に対するモチベーションは必然的に高まると考えられる。業務命令により参加した場合でも仕事に対するモチベーションが高まるとしたら，より良い効果が見られるのではないかと考えられる。

　今後は，研修参加の動機についても確認をし，研修を実践していきたい。

第7章
介護職員オンラインメンタルヘルスケア研修実践後の
個別事例検討
－個別事例検討インタビュー調査－

第1節　問題と目的

　第7章では，第6章で今後の課題として述べたように研修の参加者が少なく数量的な分析，検討ができなかったため，質的研究を高めるために実施したことを述べる。

　参加者の研修受講前後と現在の状況を比較して，ストレスおよびバーンアウトの状況の変化について，半構造化面接による個別事例検討インタビュー調査を実施し，事例研究として研修終了後のストレスおよびバーンアウトの状況の変化について検討をする。

第2節　研究方法

第1項　個別事例検討インタビュー調査の方法

　個別事例検討インタビュー調査は，3名（表7－1　個別事例検討インタビュー調査参加者の概要）の参加者の研修受講前後と現在の状況を比較して，ストレスおよびバーンアウトの状況の変化について，どのように感じているかのインタビュー調査をオンラインにて2023年5月に実施した。

　尚，半構造化面接によるオンライン個別事例検討インタビュー調査は，参加者の同意を得て，録画を行った。

表7－1　個別事例検討インタビュー調査参加者の概要

参加者	性別	年代	介護職員経験年数	資格	勤務先サービス種別	オンラインメンタルヘルスケア研修の参加状況
C	女性	50代	14年	なし	通所介護	全ての日程に参加
D	女性	60代	28年	介護福祉士	グループホーム	全ての日程に参加
E	女性	40代	20年	介護福祉士	介護老人保健施設	全ての日程に参加

（筆者作成　2023）

1．インタビュー調査の方法

　個別事例検討インタビュー調査は，3名の参加者より以下の内容にてインタビューをオンラインにて2023年5月に実施した。

　質問の方法として，3名の参加者へ健康状況調査Ⅰ（ストレスチェック）・Ⅱ（バーンアウトチェック）の参加者個人の結果と全体の結果の状況を説明したうえで，参加者へ研修受講前後と現在を比較してストレスおよびバーンアウトの状況の変化について，どのように感じているかなどについて以下の3つの質問を行った。また，「年齢・性別・学歴・職歴・資格・介護職員になったきっかけ」についても質問を行い，エゴグラム（新版TEG 3オンライン版，金子書房，2019）の結果についても考察を行った。

- ・質問1　研修を受講して，研修受講前後と現在を比較してのご自身のストレス状況の変化について，どのように感じていますか？
- ・質問2　研修を受講して，研修受講前後と現在を比較してのご自身のバーンアウト状況の変化について，どのように感じていますか？
- ・質問3　質問1，質問2においてそれぞれ変化した場合（効果があった），変化しなかった場合（効果がなかった），研修プログラムのどのようなことが影響していると思いますか？

　その結果を質的分析の手法の一つであるKJ法（川喜田，1967・1996）的質的内容分析を用いて検討を行った。

　KJ法（川喜田，1967・1996）的質的内容分析は，3人（筆者，人間学研究科仏教人間学専攻臨床心理分野博士後期課程の大学院生，そして，教員）で実施した。

　まず，個別事例検証インタビュー調査の録画データから逐語録を作成し，そこから「研修を受講して，研修受講前後と現在を比較してのストレスおよびバーンアウトの状況の変化」について示すラベルを付与した。次に，類似する現象を示すラベルをグルーピングし，カテゴリー化した。

　その詳細は以下のとおりであった。

①研修参加者の回答を切片化して，ラベルを作成した。一文の長さを基本としたが，研修参加者の発言をそのまま使用した場合もあった。

②作成したラベルを分類した。まず，筆者が同じ内容を表しているラベルごとにグルーピングし，他の2名と合意が成立するまで繰り返し行った。最終的なグループに内容を表すラベルを作成した。

③筆者と他の2名で，ラベルを付与したグループ（カテゴリー）の配置を検討した。

④筆者と他の2名で，カテゴリー間の過程を検討した。

⑤カテゴリー間の過程を検討した結果図を作成し研修の効果を検討した。

第3節　倫理的配慮

　個別事例検討インタビュー調査の内容は，個人が特定されないように加工して使用することなどの個人情報やプライバシー保護について参加者へ説明を行い，同意を得て実施した。また，オンラインによる個別事例検討インタビュー調査の録画も同意を得て行った。

　収集したデータは，パスワードを設定した USB メモリに保存する。研究終了後，5 年間保存し，その後データを完全に消去する。録画データは，データ収集後直ちに消去した。

　新型コロナウイルス感染症のリスクを考慮し，全て非接触となるように工夫を行い，全ての参加者へ文書にて研究内容や個人を特定できないように工夫するなどのプライバシーに関する説明を郵送にて行い，研修開始前に研究協力同意書を得て実施した。

第4節　個別事例検討インタビュー調査の結果

　ここでは，先のインタビュー調査の方法のところで述べたように，3 名のインタビュー調査を録画したものから逐語録を作成し，個別のラベル（切片化）を作成した。次にラベルを分類しグルーピングしてカテゴリーに分類したものを表したのが「表7－2　研修受講前後から現在を比較して」である。

　尚，以下に述べる文中の【　】はカテゴリー，〔　〕はサブカテゴリー，〈　〉はラベルを示す。また，［　］は参加者の発言を示す。

　その結果から〈受講前は，相手の立場を考えずに，イライラしていたけど，今は相手側の気持ちを考えられるようになり，相手の行動（発言や動き）が理解できるようになっている（D）〉のラベルをサブカテゴリーとして〔他者理解〕と名付けて分類することができた。

　〈周りの職場の仲間をみていて，あ，この人このまま行くと「きれちゃうな」とか，「終わっちゃうな」と感じる職員がいる際に声を掛けたりするようになった（D）〉，〈利用者に対して，文句を言っていたり，イライラしている職員に対して，たしなめたりすることができるようになった。厳しく言うのではなく，やさしく，やわらかい支援をすることができるようになった（D）〉，〈他の職員のイライラ感とかに気づくことができるようになった，他の職員のイライラ感を緩和させられるように，サポートするように心がけるようになった（D）〉，〈同じ年代の人と相談をしたり，ソーシャルサポートを受けたりしながら，今のところは，ケアマネの仕事を頑張っていこうかなぁという気持ちになれた（E）〉のラベルをサブカテゴリーとして〔ソーシャルサポート〕と名付けて分類した。

　〈1 年間を振り返ってみて，やっぱり，人とのコミュニケーションは大事だなと思いま

した（C）〉のラベルをサブカテゴリーとして〔コミュニケーション〕と名付けた。

　〈きついことやあたってくる言い方をする人は，いろんな面でストレスを抱えているんだなぁって受け流すことができるようになりました（C）〉，〈苦手な職員への感情として「まあ，しゃあないかぁ」と思えるようになった（C）〉，〈少し穏やかになった。穏やかに仕事ができるようになって，相手のことを思って言葉がでるようになった（D）〉，〈自分がストレスに感じていることでも，見方をちょっと変えれば，全然違うという風に考えられる（D）〉のラベルをサブカテゴリーとして〔セルフコントロール〕と名付けて分類した。

　〈もっと旅行に行ってみるとか，違う世界を見てみるのもいいなぁと思って，子どもを連れて，ちょっと行ってみたりとか，行き当たりばったりで，行ってみたりとかするようになりました（C）〉のラベルをサブカテゴリーとして〔セルフケア〕と名付けた。

　〈この1年で，変化を感じたことは，仕事に対してちょっと前向きになりました（D）〉，〈今は仕事に対しては，やりがいはあるし，だんだん若い子も入ってきているので，しっかりしないとっていうのもある（E）〉，〈ちょっと考え方は変わったのかなと思うけど，研修を受けて，仕事に対するモチベーションが上がった（E）〉，〈少しケアマネに関する仕事に対して，気持ちとして前向きにとらえられるようになった（E）〉のラベルをサブカテゴリーとして〔仕事に対するモチベーションの向上〕と名付けて分類することができた。

　〈研修を受講して，介護福祉士を取得しようと思うきっかけになって，実践者研修の申し込みをしました（C）〉，〈研修を受けてきて，やっぱり自分，ケアマネの仕事は苦手だなぁってわかって，自分なりにもう一回勉強してみようとなって，気持ちとして向上したと感じています（E）〉のラベルをサブカテゴリーとして〔仕事のスキル向上〕と名付け分類した。

　〈利用者さんへも見方が変わったというか，少しでも良くしたい，良く過ごしてもらいたいという気持ちがありますね（E）〉のラベルをサブカテゴリーとして〔サービスの質の向上〕と名付けた。

　〈仕事に行きたくないと思うことが減った（C）〉，〈やめたいなぁとは思わなくなった（E）〉のラベルをサブカテゴリーとして〔離職防止〕と名付けて分類することができた。

　〈ストレスが少し軽減しているなと感じています（C）〉，〈研修を受講して，気持ちとしては楽になった（C）〉のラベルをサブカテゴリーとして〔ストレスの軽減〕と名付けた。

　〈昨年の今頃は，行きたくなくってしかたがなかったけど，バーンアウトとして軽くなった気がする（C）〉のラベルをサブカテゴリーとして〔バーンアウトの予防〕と名付け分類することができた。

　〈半年に1回くらいの間隔で，メンタルヘルスケア研修が欲しいです（C）〉，〈1年に1回くらい研修があると，自分のこころを見直すことができる（D）〉，〈半年に一回くらい定期的にメンタルヘルスケア研修を受けるのがいいのかなぁと思う（E）〉のラベルをサブカテゴリーとして〔研修の頻度〕と名付けて分類した。

　〈研修は，あった方が良いと思うけど，なかなか，職場ではストレスチェックがあるくらいしかないので，なかなか仕事以外でってなるとなかなか難しいと思う（E）〉，〈会社とかでできるといいのかなぁって思うけど，コロナの関係なのか，研修がない（E）〉のラベルをサブカテゴリーとして〔研修の現状〕と名付けて分類することができた。

　サブカテゴリーとして〔他者理解〕，〔ソーシャルサポート〕，〔コミュニケーション〕，〔セルフコントロール〕，〔セルフケア〕，〔仕事に対するモチベーションの向上〕，〔仕事のスキル向上〕，〔サービスの質の向上〕，〔離職防止〕，〔ストレスの軽減〕，〔バーンアウトの予防〕，〔研修の頻度〕，〔研修の現状〕の13種類に構成することができた。

　これらを〔他者理解〕，〔ソーシャルサポート〕，〔コミュニケーション〕のカテゴリーとして【他者との関係】と名付け，〔セルフコントロール〕，〔セルフケア〕のカテゴリーとして【自己理解】と名付けて分類した。〔仕事に対するモチベーションの向上〕，〔仕事のスキル向上〕，〔サービスの質の向上〕のカテゴリーとして【自己開発】と名付けた。〔離職防止〕，〔ストレスの軽減〕，〔バーンアウトの予防〕のカテゴリーとして【心理的負担の軽減】と名付けて分類することができた。〔研修の頻度〕，〔研修の現状〕のカテゴリーとして【研修の必要性】と名付け，5種類のカテゴリーに構成された。

表７－２　研修受講前後から現在を比較して

カテゴリー	サブカテゴリー	ラベル
他者との関係	他者理解	・受講前は，相手の立場を考えずに，「イライラ」していたけど，今は相手側の気持ちを考えられるようになり，相手の行動（発言や動き）が理解できるようになっている。（D）
	ソーシャルサポート	・周りの職場の仲間をみていて，あ，この人このまま行くと「きれちゃうな」とか，「終わっちゃうな」と感じる職員がいる際に声を掛けするようになった。（D）
		・利用者に対して，文句を言っていたり，イライラしている職員に対して，たしなめたりすることができるようになった。厳しく言うのではなく，やさしく，やわらかい支援をすることができるようになった。（D）
		・他の職員のイライラ感とかに気づくことができるようになった，他の職員のイライラ感を緩和させられるように，サポートするように心がけるようになった。（D）
		・同じ年代の人と相談をしたり，ソーシャルサポートを受けたりしながら，今のところは，ケアマネの仕事を頑張っていこうかなぁという気持ちになれた。（E）
	コミュニケーション	・1年間を振り返ってみて，やっぱり，人とのコミュニケーションは大事だなと思いました。（C）
自己理解	セルフコントロール	・きついことやあたってくる言い方をする人は，いろんな面でストレスを抱えているんだなぁって受け流すことができるようになりました。（C）
		・苦手な職員への感情として「まあ，しゃあないかぁ」と思えるようになった。（C）
		・少し穏やかになった。穏やかに仕事ができるようになって，相手のことを思って言葉がでるようになった。（D）
		・自分がストレスに感じていることでも，見方をちょっと変えれば，全然違うという風に考えられる。（D）
	セルフケア	・もっと旅行に行ってみるとか，違う世界を見てみるのもいいなぁと思って，子どもを連れて，ちょっと行ってみたりとか，行き当たりばったりで，行ってみたりとかするようになりました。（C）
自己開発	仕事に対するモチベーションの向上	・この1年で，変化を感じたことは，仕事に対してちょっと前向きになりました。（D）
		・今は仕事に対しては，やりがいはあるし，だんだん若い子も入ってきているので，しっかりしないとっていうのもある。（E）
		・ちょっと考え方は変わったのかなと思うけど，研修を受けて，仕事に対するモチベーションが上がった。（E）
		・少しケアマネに関する仕事に対して，気持ちとして前向きにとらえられるようになった。（E）
	仕事のスキル向上	・研修を受講して，介護福祉士を取得しようと思うきっかけになって，実践者研修の申し込みをしました。（C）
		・研修を受けてきて，やっぱり自分，ケアマネの仕事は苦手だなぁってわかって，自分なりにもう一回勉強してみようとなって，気持ちとして向上したと感じています。（E）
	サービスの質の向上	・利用者さんへも見方が変わったというか，少しでも良くしたい，良く過ごしてもらいたいという気持ちがありますね。（E）
心理的負担の軽減	離職防止	・仕事に行きたくないと思うことが減った。（C）
		・やめたいなぁとに思わなくなった。（E）
	ストレスの軽減	・ストレスが少し軽減しているなと感じています。（C）
		・研修を受講して，気持ちとしては楽になった。（C）
	バーンアウトの予防	・昨年の今頃は，行きたくなくってしかたがなかったけど，バーンアウトとして軽くなった気がする。（C）
研修の必要性	研修の頻度	・半年に1回くらいの間隔で，メンタルヘルスケア研修が欲しいです。（C）
		・1年に1回くらい研修があると，自分のこころを見直すことができる。（D）
		・半年に一回くらい定期的にメンタルヘルスケア研修を受けるのがいいのかなぁと思う。（E）
	研修の現状	・研修は，あった方が良いと思うけど，なかなか，職場ではストレスチェックがあるくらいしかないので，なかなか仕事以外でってなるとなかなか難しいと思う。（E）
		・会社とかでできるといいのかなぁって思うけど，コロナの関係なのか，研修がない。（E）

（筆者作成　2023）

第5節　個別事例検討インタビュー調査の考察

第1項　個別考察

1．参加者C『個別事例検討インタビュー調査を2023年5月16日（火）実施』

　高校を卒業して，一般企業に就職（6年間），その後，介護の世界へ，3年間介護老人保健施設に勤務，結婚を機に退職，一旦，通所リハビリに就職するも家族の介護を理由に退職する。その後，現在のデイサービスに就職（約10年・全て同一法人に勤務），資格はない。

　介護職員になったきっかけは，両親が介護の仕事について欲しいとの希望があり，たまたま新聞に募集が掲載されており介護の仕事に就いた。介護職員歴14年以上である。

　エゴグラムの結果（図7－1　参加者C　エゴグラム・プロフィール）から，人の気持ちや立場を考えながらも，状況を冷静に見つめ，判断することができ，前向きな姿勢でテキパキと行動することができる。人の意見を素直に受け入れ，その場の雰囲気に馴染むのも得意な方である。しかし，自分の考えや意見を主張しながらも，周囲への配慮も忘れないため，何でも一人で背負い過ぎてしまう傾向がある。非常にエネルギッシュな面があるものの人一倍疲れやすい。これからは，時には人に任せたり，他の人だったらどうするだろうと別の視点から観察することが必要である。あいまいにしていた自分の目標や価値基準を明確にして行動することを心掛けることで良い面が表出するのではないかと推察される。

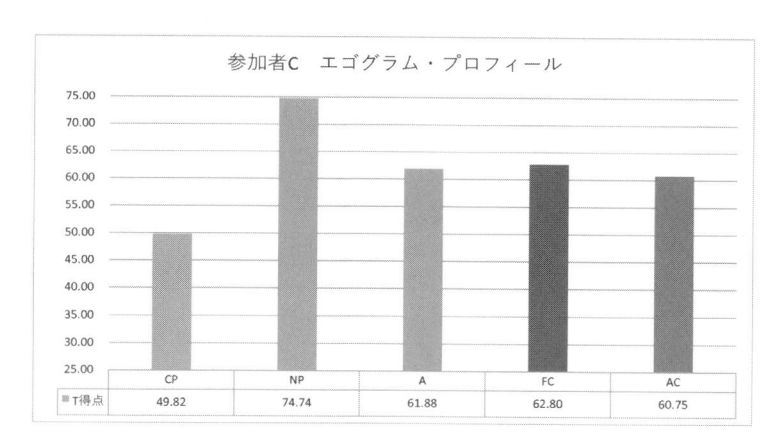

※T得点：平均値が50，標準偏差が10となる得点

図7－1　参加者C　エゴグラム・プロフィール
（東京大学医学部心療内科TEG研究会編（2019）「新版TEG3（オンライン版）」金子書房を参考に筆者作成　2023）

研修を受講して，知識を得られたことにより，きつくあたってくる苦手な職員を上手に受け流せるようになっており，対人関係スキルが向上していると考えられる。

　グループワークでいろんな人の話を聞いて，新たなストレス解消方法として，旅行や娘さんと行き当たりばったりで出かけたりするようになっている。

　ストレスやバーンアウトについて1年前と比べて，軽減していると感じている。

　他の参加者の話や個別面談の中で，個人的達成感の話を聞き，今までは，資格の取得に消極的であったが，自ら介護福祉士を取得しようと今年に入ってから，実務者研修を申し込んでいる。14年以上，介護の仕事を行ってきた中で，資格の取得に対して積極的な気持ちになった点は，今回の研修を受けたことによる大きな変化の一つであり，本人も研修を受けて良かったと感じている。

　研修を受講したことにより，ストレスやバーンアウトの知識が得られ，人間関係における対応方法が上達したことで，〔セルフコントロール〕が身に付いたと考えられる。その影響から【心理的負担の軽減】へともつながり，ストレスやバーンアウトを軽減することができていると考えられる。また，参加者Cの大きな変化としては，【自己開発】における〔仕事のスキル向上〕において，今まで消極的であった介護福祉士の資格を取得することに対して，積極的に取得しようというモチベーションが向上した点である。また，未来を見通すことができるようになり，目標を持つことで個人的達成感が向上するのではないかと推察する。

2．参加者D『個別事例検討インタビュー調査を2023年5月17日（水）実施』

　高校を卒業して保育園に就職をし，勤めながら保育士の資格を取得する。結婚・子育てを経て39歳の頃に子育てが落ち着いたため，今の勤務する法人の託児所の保育士募集があり，その面接の際に，介護の仕事はどうですかと勧められ，介護職員となった。介護職員歴は28年，資格は保育士・介護福祉士・介護支援専門員である。

　エゴグラムの結果（図7－2　参加者D　エゴグラム・プロフィール）から，困っている人がいると適切なアドバイスと温かい気持ちで援助することができる。常に前向きで，自分の意見をはっきりと主張することができ，信頼され慕ってくれる友人や同僚が多い。しかし，自分のペースを維持しすぎる傾向にあり，他の人の意見や考えに耳を傾ける余裕があまりない場合がある。これからは，「自分はこう考えますが，あなたはどのように思いますか？」と尋ねる方法を工夫することや自分自身の考え方の幅を広げるように心掛けることが必要である。何でも自分で処理しようとはせず，任せられることは人に任せる，状況を観察する際には別の視点を持つことで自身の力を発揮することができるようになると考えられる。

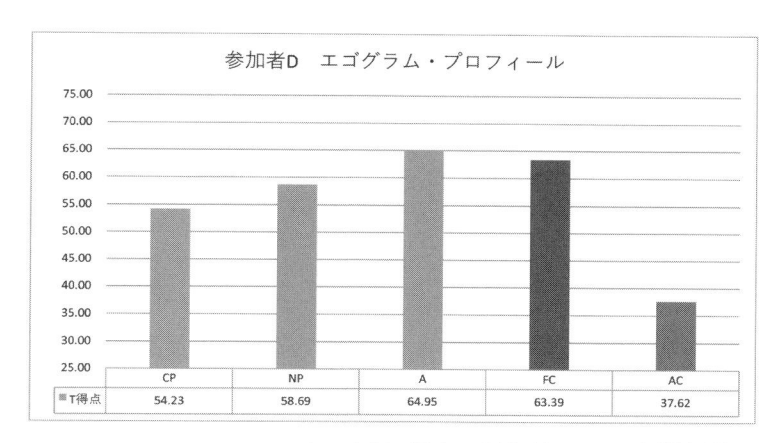

※ T 得点：平均値が 50，標準偏差が 10 となる得点

図７－２　参加者 D　エゴグラム・プロフィール
（東京大学医学部心療内科 TEG 研究会編（2019）「新版 TEG3（オンライン版）」金子書房
を参考に筆者作成　2023)

　研修を受講する前は，上司や同僚との関係において，イライラすることもあったが，今回の研修を受講してからは，相手の気持ちを理解するように，心掛けることができるようになっており，〔他者理解〕をすることができるようになったと考えられる。

　こころに余裕ができたことで，少し穏やかに，そして，前向きに仕事に取り組むことができるようになったと考えられる。また，研修を受講したことにより，イライラなど怒りのコントロールが行えるようになっていると推察する。

　バーンアウトに関しては，自分ではあまり以前と変わらない，もともとないと感じているが，同僚の中で，そういった予兆のある人に声を掛けるなど，他者を積極的に理解することができるようになっており，〔ソーシャルサポート〕を理解し，実践することができるようになったと考えられる。

　対人関係を穏やかにすることができるようになり，【自己理解】と〔他者理解〕が深まることにより，他者を気に掛けたり，他者のこころの〔ソーシャルサポート〕ができるようになっていると推察する。

　以前は，他の職員の利用者への対応などを見て，上から注意をしている感じであったが，現在は対等な立場で［自分はこう考えるが，あなたはどう思う］など，押しつけるのではなく話し合いをするという視点から注意することができるようになった点が参加者 D 自身も研修の成果であると感じており，成長したと実感している。

3. 参加者 E『個別事例検討インタビュー調査を 2023 年 5 月 10 日（水）実施』

　高校を卒業して，病院の介護職員として勤務するようになる。3 年間の実務経験を経て介護福祉士を取得，その後は，訪問介護で経験を積み，その後デイサービスに勤務（介護

支援専門員資格取得）して，現在は，介護老人保健施設にて介護職員兼介護支援専門員として勤務している。介護職員になったきっかけは，友達が先に病院の事務に就職が決まっていて，応募したら介護の仕事を紹介されて介護職員となった。介護職員歴20年，資格は介護福祉士・介護支援専門員である。

エゴグラムの結果（図7－3　参加者E　エゴグラム・プロフィール）から，いつも周りの人を立てて，自分は前面にでることなく，控え目なところがある。相手の気持ちにとても共感することができるが，どこまでも人を受け入れようとする傾向がある。少し自分に甘い面があり，周りの人を受け入れる大きなこころが，時として，何でも人に頼ってしまう甘えとなってしまう点がある。せっかく立てた計画や目標も途中で諦めてしまうことが多い。決めたことは何が何でもやり遂げるという姿勢を持つことと，自分の気持ちや意見を周囲に伝えることを心掛け，周囲に振り回されないように注意することで自身の良い面が表出されると推察される。

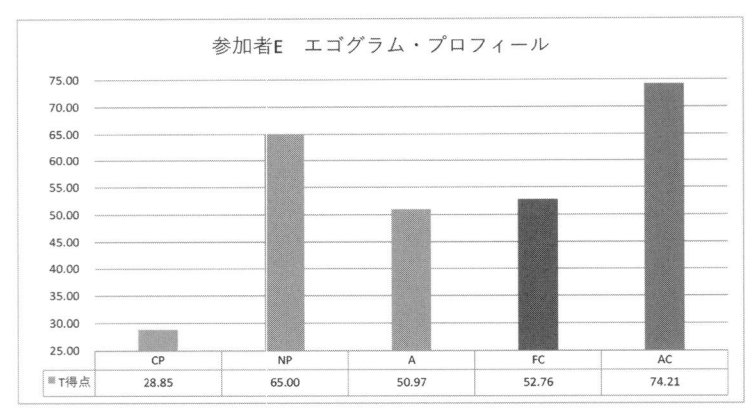

※T得点：平均値が50，標準偏差が10となる得点
図7－3　参加者E　エゴグラム・プロフィール
（東京大学医学部心療内科 TEG 研究会編（2019）「新版 TEG3（オンライン版）」金子書房を参考に筆者作成　2023）

研修を受講したことにより，もともと苦手であったケアマネの仕事が研修を受講して改めて理解でき，自ら勉強しようと思うようになっており，【自己開発】におけるケアマネの〔仕事に対するモチベーションの向上〕へとつながっていると推察する。職場の同僚に恵まれており，お互いに〔ソーシャルサポート〕を行えるようになっている。2回の研修では，ストレスやバーンアウトという言葉は知っていたが，ストレスやバーンアウトがどういったものか研修を受けたことで，理解することができたと感じている。

〈利用者さんへも見方が変わったというか，少しでも良くしたい，良く過ごしてもらい

たいという気持ちがありますね（E）〉との気持ちが芽生え，〔サービスの質の向上〕にもつながっていると推察する。

第6節　考察

「表7−2　研修受講前後から現在を比較して」を図式化した結果図が「図7−4　研修受講前後から現在を比較しての変化について」である。

研修受講前後から現在を比較しての変化について，【他者との関係】においては，〔他者理解〕が深まり，〔ソーシャルサポート〕を行えたり，受けたりすることができるようになっている。さらに〔コミュニケーション〕の重要性に気づいたことで，人間関係の構築が上手く実践できるようになっているのではないかと考える。

【自己理解】における〔セルフコントロール〕において，〔他者理解〕が深まることにより，苦手な職員への感情として［まあ，しゃあないかぁ］と思えるようになったと自身の気持ちを切り替えることで〔セルフコントロール〕が実践できていると推察する。〔セルフケア〕においても今まで行っていなかった家族との旅行を増やすなど仕事とプライベートを分けて考えることができるようになっていると考えられる。

【自己開発】における〔仕事に対するモチベーションの向上〕と〔仕事のスキルの向上〕においては，参加者Cは，介護福祉士の取得を目標とするようになり，参加者Dは，仕事に対して前向きに取り組めるようになったと感じており，参加者Eは，苦手なケアマネ業務に対して，自らその気持ちを改善しようと取り組むようになった点があげられる。仕事に対するモチベーションが向上すると共に仕事のスキルが向上することで，仕事へのやりがいが芽生えるのではないかと考える。また，利用者に対しての見方が変化し，より良く過ごしてもらいたいとの気持ちから，利用者に対する配慮が見出され〔サービスの質の向上〕にもつながると推察する。

【心理的負担の軽減】においては，〈仕事に行きたくないと思うことが減った（C）〉や〈やめたいなぁとは思わなくなった（E）〉と直接的に〔離職防止〕につながっている参加者が見られた。〔ストレスの軽減〕や〔バーンアウトの予防〕についても感じており，離職の防止にもつながると考えられる。【心理的負担の軽減】においては，研修を受講したことによる一定の効果が見られたと考える。

そして，3名共に定期的な【研修の必要性】を感じており，今後も継続的な研修の受講を希望していることから，定期的に実践することができるメンタルヘルスケア研修の構築が必要である。また，〔研修の現状〕として職場におけるメンタルヘルスケア研修が実施されていない状況であることから施設管理者や施設経営者へ介護職員へのメンタルヘルスケア研修の必要性を積極的に，啓発を行う必要があると考えられる。

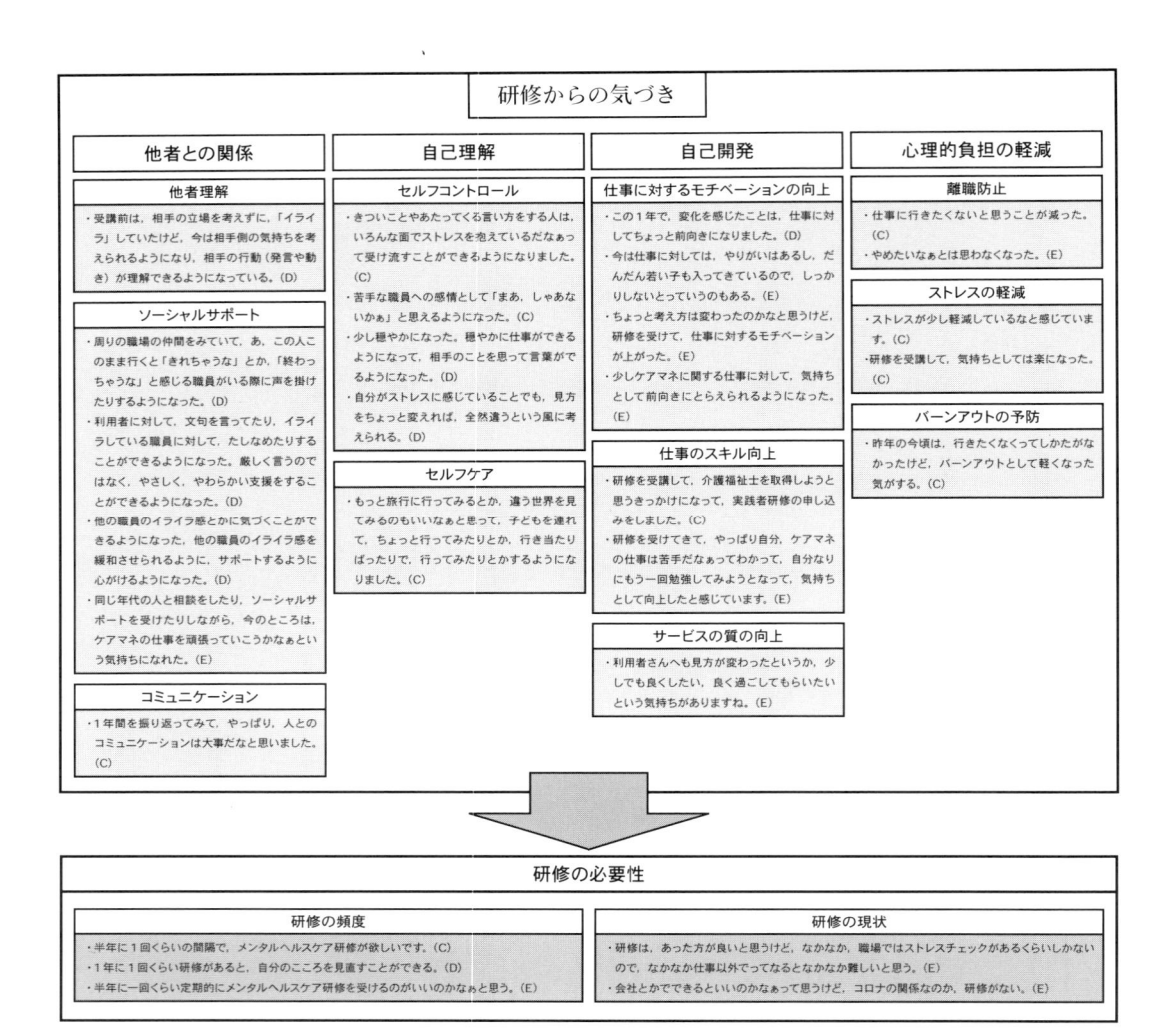

図7-4　研修受講前後から現在を比較しての変化について（筆者作成　2023）

　介護職員へのオンラインメンタルヘルスケア研修を実践したことにより，「図７－５研修受講後によるカテゴリーの変化図」（p.87）を作成することができた。図７－５から「第１回オンライン個別面談時の変化について」では，【他者との関係】による〔他者への配慮〕が行えるようになり，〔他者理解〕が深まり，〔人間関係における対応方法の変化〕が生じることにより，職場内での良好な人間関係を構築することができるようになるのではないかと考えられる。

　【自己理解】においては，〔セルフコントロール〕を実践することができるようになり，〔セルフケア〕が行えるようになることで，こころに余裕ができ〔ストレスの軽減〕へとつながるのではないかと考える。〔自己分析〕によって気付きを得ることで，【自己理解】が進み，【自己理解】と〔他者理解〕が行えるようになることで，人間関係においての対

応方法を変化させることが実践できるようになり，良好な人間関係の構築を形成するスキルが向上するのではないかと推察する。

　図7－5の「第2回オンライン個別面談時の変化について」では，【他者との関係】において，〔他者理解〕が深まると共に〔ソーシャルサポート〕の重要性を感じるなどの変化が生じている。【自己理解】においては，第1回オンライン個別面談時と同様に〔セルフコントロール〕や〔セルフケア〕，〔自己分析〕が実践できるようになっているものの，上手くコントロールすることができずにストレス度が高まってしまう状況もあった。反面，【他者との関係】と【自己理解】の相互作用によって，【自己開発】が新たに産出された。この要因としては，自己理解が深まることにより，仕事に対する前向きな意識が芽生え，介護福祉士の資格取得を目指そうとするなどの〔仕事に対するモチベーションの向上〕が生じるなどの変化が見られたと考えられる。

　図7－5の「個別事例検討インタビュー調査による研修受講前後から現在を比較して」では，【他者との関係】において〔他者理解〕が深まることで，他の職員への〔ソーシャルサポート〕を実践することができるようになるなどの変化が生じている。また，人間関係の構築において重要な〔コミュニケーション〕の大切さを認識することができるようになっている。このことが職場における良好な人間関係を生み出すことにつながるのではないかと推察する。

　【自己理解】においては，〔セルフコントロール〕や〔セルフケア〕を実践することができるようになることで，こころに余裕ができ〔ストレスの軽減〕へもつながり，利用者への気遣いなどが行えるようになり〔サービスの質の向上〕へもつながるのではないかと考えられる。

　【自己開発】においては，仕事に対する意識が高まり〔仕事に対するモチベーションの向上〕や積極的に介護福祉士の資格取得を目指したり，苦手なケアマネ業務に対する前向きな姿勢になるなどの〔仕事のスキル向上〕に変化が生じている。これらの変化は仕事に対する意識やスキルが高まることで，利用者への〔サービスの質の向上〕へもつながる。また，仕事をやめたいという気持ちを低下させることへもつながり，〔離職防止〕にもなるのではないかと推察する。

　【自己開発】によって，仕事のスキルが向上することにより，仕事に対する【心理的負担の軽減】が新たに産出された。これは〈仕事に行きたくないと思うことが減った（C）〉や〈やめたいなぁとは思わなくなった（E）〉など直接的に〔離職防止〕の効果が生じており，〈研修を受講して，気持ちとしては楽になった（C）〉と〔ストレスの軽減〕を感じている。また，〈昨年の今頃は，行きたくなくってしかたがなかったけど，バーンアウトとして軽くなった気がする（C）〉と〔バーンアウトの予防〕の効果を感じている参加者

も見られた。このことは研修を受講することにより，ストレスが軽減し，バーンアウトの発生を低下させることとなるのではないかと考えられる。

　オンラインメンタルヘルスケア研修を受講したことにより，【他者との関係】，【自己理解】，【自己開発】，【心理的負担の軽減】の４つカテゴリーの気づきが得られたことにより，【研修の必要性】が見出された。【研修の必要性】においては，参加者は定期的なメンタルヘルスケア研修の必要性を感じてはいるものの，職場においてのメンタルヘルスケア研修が実施されていない現状があげられた。

　先行研究において高橋（2013）は，「確かな知識を得ることもストレスの軽減につながるので，研修会やインターネットを通して実践的な知識を学習できるようにすることが重要である」と述べている。また，近藤（2021b）は，「ストレスを軽減させバーンアウトを予防する為には，介護職員に対して，職員同士のソーシャルサポートやストレス耐性の強化へと繋がるメンタルヘルスケア研修を行うことが効果的であると考える」としている。

　介護職員自身がメンタルヘルスに関する知識を得て，ストレス対処法を身に付けることで，〔ストレスの軽減〕，〔バーンアウトの予防〕につながるのではないかと推察する。

　個別事例検討インタビュー調査から本研究においても先行研究と同様に，オンラインメンタルヘルスケア研修を受講して，メンタルヘルスケアに関する知識を得ることで，【他者との関係】における〔他者理解〕や〔ソーシャルサポート〕などが行えるようになり，【自己理解】において〔セルフコントロール〕や〔セルフケア〕などの実践が見られる結果となった。

　【心理的負担の軽減】においても，〔ストレスの軽減〕や〔バーンアウトの予防〕，そして，〔離職防止〕につながっている参加者もおり，オンラインメンタルヘルスケア研修を受講したことによる一定の効果が見られたのではないかと考える。

　【自己開発】における〔仕事に対するモチベーションの向上〕と〔仕事のスキル向上〕において，介護福祉士の資格取得を目指したり，苦手なケアマネ業務を克服しようとするなど，仕事に対す意識が向上しており，仕事に対するやりがいが芽生え，介護職としての専門性を認識することで〔離職防止〕につながるのではないかと推察する。

　個別事例検討インタビュー調査から，研修受講前後から現在を比較すると，徐々に研修の効果が表出されているのではないかと考えられる。研修受講直後よりも研修で学んだことを徐々に実践することができるようになることで，こころに余裕ができ〔ストレスの軽減〕や〔バーンアウトの予防〕となり，〔離職防止〕へとつながるのではないかと考える。

第1回オンライン個別面談時の変化について						
カテゴリー	他者との関係			自己理解		
サブカテゴリー	他者への配慮	他者理解	人間関係における対応方法の変化	セルフコントロール	セルフケア	自己分析

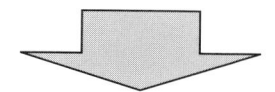

第2回オンライン個別面談時の変化について						
カテゴリー	他者との関係		自己理解			自己開発
サブカテゴリー	他者理解	ソーシャルサポート	セルフコントロール	セルフケア	自己分析	仕事に対するモチベーションの向上

個別事例検討インタビュー調査による研修受講前後から現在を比較して											
カテゴリー	他者との関係			自己理解		自己開発			心理的負担の軽減			研修の必要性	
サブカテゴリー	他者理解	ソーシャルサポート	コミュニケーション	セルフコントロール	セルフケア	仕事に対するモチベーションの向上	仕事のスキル向上	サービスの質の向上	離職防止	ストレスの軽減	バーンアウトの予防	研修の頻度	研修の現状

図7−5　研修受講後によるカテゴリーの変化図　（筆者作成　2023）

第8章
総合考察

　本研究の目的は，介護職員に向けたオンラインメンタルヘルスケア研修を構築・実践・検討することであった。第6章にて述べたオンライン個別面談と第7章にて述べた個別事例検討インタビュー調査の結果から研修を受講した参加者に離職の防止へとつながる一定の効果が見られた。そこで，本章では総合考察として，第1節において介護職員がオンラインメンタルヘルスケア研修を受講したことにより生じた変化が，研修プログラムのどのよう点が要因となったのかを検討する。また，本研究から新たな知見が見えてきたので，第2節で述べることとする。

第1節　研修の効果

　本研究におけるオンラインメンタルヘルスケア研修を受講したことによる効果が見られたと考えられる研修プログラムの内容として，「メンタルヘルスケアに関する知識」，「グループワーク」，「オンライン個別面談」，「個別事例検討インタビュー調査」の4つが挙げられる。参加者が，オンラインメンタルヘルスケア研修を受講したことにより，導き出された効果を図に表したのが「図8－1　介護職員のストレス反応によるバーンアウト発生過程とメンタルヘルスケア研修受講による効果図」（p.91）である。

　図8－1の上部は，介護職員の業務によるストレッサーからストレス反応によるバーンアウトが発生する過程を表した図である。ストレス反応が蓄積してバーンアウトの要因である脱人格化，個人的達成感の低下，情緒的消耗感が発生する前に，介護職員自身がストレスマネジメントを実践することができればバーンアウトを予防することができるようになるのではないかと考える。

　ストレスマネジメントとして介護職員へのメンタルヘルスケア研修を導入することで，身体面・心理面・行動面のストレス反応を軽減させ，ストレス反応を蓄積することを防止することで，バーンアウトを予防することができるのではないかと考えられる。図8－1の下部は，本研究におけるオンラインメンタルヘルスケア研修を受講したことにより生じた効果を表した図である。研修を受講したことによる気づきから【心理的負担の軽減】における〔ストレスの軽減〕や〔バーンアウトの予防〕が見出され，〔離職防止〕につながる効果も認められた。

第1項　メンタルヘルスケアに関する知識

　オンラインメンタルヘルスケア研修において，まず初めにストレス，バーンアウト，ストレスコーピングなどの用語を学ぶ機会を設けたことで，本来の意味を理解することができた点が挙げられる。ストレスは日常的に使う言葉であるが本来のストレスの意味を理解することがストレスコーピングにつながると考えられる。

　メンタルヘルスケアに関する知識を得ることにより，自己でのストレスマネジメントを実践することができるようになることで，【自己理解】や【他者との関係】による〔他者理解〕が深まり，〔セルフケア〕や〔セルフコントロール〕が行えるようになることが，ストレス耐性の強化の足掛かりとなり，〔バーンアウトの予防〕と離職の防止へとつながっている。

第2項　グループワーク

　オンラインメンタルヘルスケア研修Ⅰでは「あなたのストレスとなっていることは何ですか」を課題に，研修Ⅱでは「あなたのストレス解消方法はなんですか」を課題にグループワークを実施した。

　研修Ⅰのグループワークでは，他の参加者の話を聴くことで，「人間関係で悩んでいるのは自分だけではないんだなぁ」と感じることができたり，グループワークで他の参加者が資格を持っていることを知り，【自己開発】における〔仕事のスキル向上〕として，自身も資格を取得した方が良いのではないかと考えるようになった参加者もあった。

　研修Ⅱのグループワークでは，他の参加者のストレス解消方法を聴くことで，それを参考にして【自己理解】における〔セルフケア〕による新たな試みとして，家族と旅行することを計画した参加者も見られた。グループワークでは，今まで自分では気づくことができなかった点を新たに気づくことができ，変化が生じたのではないかと考えられる。

　グループワークにおいては，〔自己分析〕による【自己理解】を深めると共に，他者の話を聴くことで〔他者理解〕も促進することができ，〔ソーシャルサポート〕の重要性にも気づく機会となり，自ら職場内でのストレスマネジメントが実践することができるようになるのではないかと考える。

第3項　オンライン個別面談

　オンラインメンタルヘルスケア研修Ⅱ終了後に第1回オンライン個別面談を，半年経過後に第2回オンライン個別面談を実施した（第1回オンライン個別面談は5名が参加，第2回オンライン個別面談は3名が参加）。オンライン個別面談では，健康状況調査ⅠとⅡの結果と新版ＴＥＧ３（オンライン版）の結果をフィードバックしたのち，研修終了後のストレスおよびバーンアウト状況の変化について聴き取りを行った。その結果から【自己

理解】における〔自己分析〕の機会となり，〔セルフケア〕や〔セルフコントロール〕につながったのではないかと考えられる。また，職場内の人間関係に関するトラブルの話を第三者に聴いてもらうことで〔ストレスの軽減〕となっていることもあり，介護職員が臨床心理士や公認心理師などの心理の専門職に相談できる環境作りも重要である。しかしながら，個別事例検討インタビュー調査の結果において，【研修の必要性】における〔研修の現状〕から職場内でのメンタルヘルスケア研修の実施が難しいことが認められた。

職場内での心理の専門職による相談やメンタルヘルスケア研修を実施するには，法人経営者や施設管理者などに介護職員へのメンタルヘルスケア研修の必要性を理解してもらう必要があり，啓発活動が重要であると考えられる。

第4項　個別事例検討インタビュー調査

個別事例検討インタビュー調査は，健康状況調査Ⅰ・Ⅱの参加者個人の結果と全体の結果，新版 TEG3（オンライン版）の結果を改めて説明したうえで，3名の参加者へ研修受講前後と現在を比較して，ストレスおよびバーンアウトの状況の変化についてどのように感じているかをオンラインにてインタビュー調査を実施した。

その結果から，【他者との関係】において〔他者理解〕が促進されることにより，〔ソーシャルサポート〕や〔コミュニケーション〕の重要性の気づきが得られ，【自己理解】における〔セルフコントロール〕や〔セルフケア〕を実践することができるようになったと考えられる。【自己開発】において，〔仕事のスキル向上〕により，〔仕事に対するモチベーションの向上〕が見出されることで，〔サービスの質の向上〕につながっていると考えられる。

【他者との関係】，【自己理解】，【自己開発】が相互に作用することにより，【心理的負担の軽減】において，〔ストレスの軽減〕がなされ，〔バーンアウトの予防〕となり〔離職防止〕へとつながっていると考える。これは，研修の受講後から研修で学んだことを徐々に実践することができるようになり，【心理的負担の軽減】につながったと考えられる。

インタビュー調査では，研修受講前後から現在の状況を比較して振り返りを行うことで，研修からの多くの気づきが得られ，参加者自身が【研修の必要性】について改めて考える機会となった。

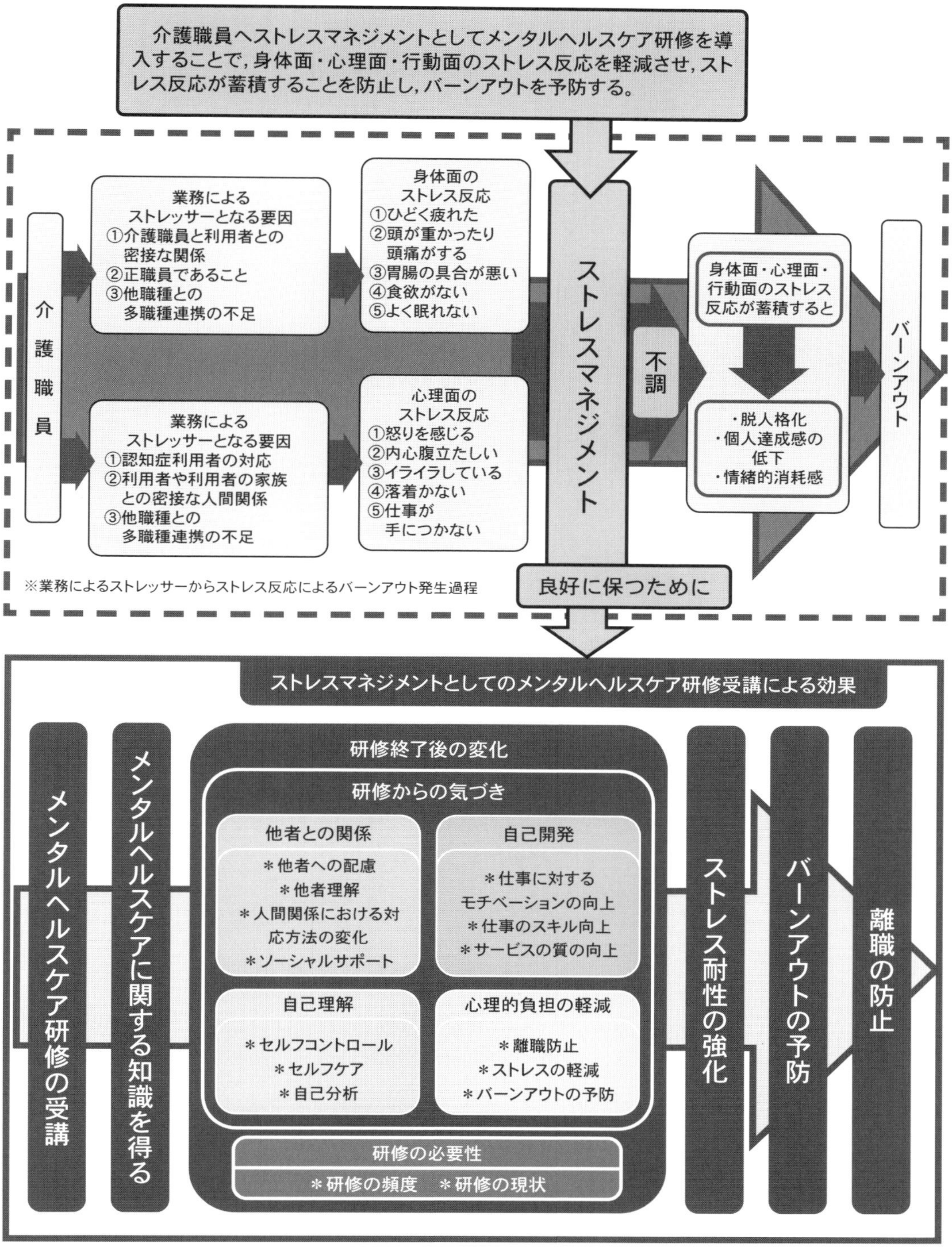

介護職員へストレスマネジメントとしてメンタルヘルスケア研修を導入することで,身体面・心理面・行動面のストレス反応を軽減させ,ストレス反応が蓄積することを防止し,バーンアウトを予防する。

介護職員

業務による
ストレッサーとなる要因
①介護職員と利用者との
　密接な関係
②正職員であること
③他職種との
　多職種連携の不足

身体面の
ストレス反応
①ひどく疲れた
②頭が重かったり
　頭痛がする
③胃腸の具合が悪い
④食欲がない
⑤よく眠れない

業務による
ストレッサーとなる要因
①認知症利用者の対応
②利用者や利用者の家族
　との密接な人間関係
③他職種との
　多職種連携の不足

心理面の
ストレス反応
①怒りを感じる
②内心腹立たしい
③イライラしている
④落着かない
⑤仕事が
　手につかない

ストレスマネジメント

不調

身体面・心理面・
行動面のストレス
反応が蓄積すると

・脱人格化
・個人達成感の
　低下
・情緒的消耗感

バーンアウト

※業務によるストレッサーからストレス反応によるバーンアウト発生過程

良好に保つために

ストレスマネジメントとしてのメンタルヘルスケア研修受講による効果

メンタルヘルスケア研修の受講

メンタルヘルスケアに関する知識を得る

研修終了後の変化

研修からの気づき

他者との関係
＊他者への配慮
＊他者理解
＊人間関係における対
　応方法の変化
＊ソーシャルサポート

自己開発
＊仕事に対する
　モチベーションの向上
＊仕事のスキル向上
＊サービスの質の向上

自己理解
＊セルフコントロール
＊セルフケア
＊自己分析

心理的負担の軽減
＊離職防止
＊ストレスの軽減
＊バーンアウトの予防

研修の必要性
＊研修の頻度　　＊研修の現状

ストレス耐性の強化

バーンアウトの予防

離職の防止

図 8 － 1　介護職員のストレス反応によるバーンアウト発生過程と
メンタルヘルスケア研修受講による効果図　（筆者作成 2023）

第2節　新たな知見

　今回の介護職員へのオンラインメンタルヘルスケア研修の試みは，1年を1クールとして実施したものではなく，試行錯誤的なものであった。個別事例検討インタビュー調査の結果，参加者から【研修の必要性】における〔研修の頻度〕において，〈半年に1回くらいの間隔で，メンタルヘルスケア研修が欲しいです（C）〉，〈1年に1回くらい研修があると，自分のこころを見直すことができる（D）〉，〈半年に一回くらい定期的にメンタルヘルスケア研修を受けるのがいいのかなぁと思う（E）〉の意見が見出された。そして，参加者の意見から新たな研修プログラムを構築することができた（図8－2　新メンタルヘルスケア研修プログラムスケジュール）。

　新たな研修プログラムとして，研修プログラムを4つのブロックに分け，各ブロックを2か月から3か月に1回実施する。1年間で1クールとし，継続的にメンタルヘルスケア研修を実施できるようにする。各研修受講前に，健康状況調査Ⅰ（ストレス状況調査）と健康状況調査Ⅱ（バーンアウト状況調査）を実施する。

　研修プログラムⅠでは，ストレスやバーンアウト，ストレスコーピングに関する知識を学ぶ。研修プログラムⅡでは，個別面談を実施し，健康状況調査Ⅰ・Ⅱのフィードバックと研修プログラムⅠで学んだことが実践できているのかを振り返る。研修プログラムⅢでは，新版TEG3（オンライン版）を実施する。その後にグループワークを実施して，自己理解と他者理解を深める。研修プログラムⅣでは，個別面談を実施して，健康状況調査Ⅰ・Ⅱと新版TEG3（オンライン版）のフィードバックを実施し，〔自己分析〕と【自己理解】を行い，今後の課題を検討する。

　以上の研修プログラムを1年間1クールとして継続的にメンタルヘルスケア研修を受講することができる新たな研修プログラム（図8－2　新メンタルヘルスケア研修プログラムスケジュール）を構築することができた。

　研修プログラムⅠでは，ストレッサーやストレス反応，バーンアウトの要因となる脱人格化，個人的達成感の低下や情緒的消耗感などのメンタルヘルスケアに関する基礎知識を学び，本来の意味を理解することで，〔ストレスの軽減〕や〔バーンアウトの予防〕への基盤作りを行う。ストレスコーピングとして，情動焦点型コーピングと問題焦点型コーピングについて学ぶ。情動焦点型コーピングにおいては，自分にあったストレス解消法を見出す。問題焦点型コーピングでは，〔仕事のスキル向上〕により仕事面での課題を自ら解決できるようになることが〔ストレスの軽減〕になることを理解し，さらに仕事のスキルが向上することで，利用者へのサービスの質が向上することを学ぶ。それぞれのストレス対処方法を知ることで，新たなストレス対処方法を身に付ける。

　研修プログラムⅠの目的として，メンタルヘルスケアに関する知識を得て，〔セルフケア〕や〔セルフコントロール〕を身に付け，自らストレスマネジメントが実践することができるようになることである。

　研修プログラムⅡでは，個別面談において，健康状況調査Ⅰ・Ⅱの結果のフィードバックを行い，研修プログラムⅠで学んで身に付けたメンタルヘルスケアに関する知識を基にストレスマネジメントが実践できているかを振り返る。

　研修プログラムⅡの目的として，個別面談をすることにより〔自己分析〕の機会として【自己理解】を深め，研修プログラムの内容を再確認して，継続的に安定したストレスマネジメントが実践できるようにすることである。

　研修プログラムⅢでは，新版 TEG3（オンライン版）を実施した後，グループワークを実施する。グループワークでは，自身で実践してきたストレスマネジメントについて語ると共に他者の語りも聴き，自己を振り返り〔自己分析〕の機会とする。また，【自己理解】と〔他者理解〕を深め，〔ソーシャルサポート〕の重要性についても学ぶ。

　研修プログラムⅢの目的として，【自己理解】と〔他者理解〕を深め，職場内での〔ソーシャルサポート〕を実践することができるようになることである。

　新版 TEG3（オンライン版）では，自己の特徴を知ることで，仕事に対する姿勢や人間関係における対応方法を検討することができ，ストレスコーピングの基礎となることを目的とする。

　研修プログラムⅣでは，個別面談において，健康状況調査Ⅰ・Ⅱと新版 TEG3（オンライン版）の結果をフィードバックする。研修プログラムⅠ受講前後から現在を振り返り，〔自己分析〕を行い【自己理解】を深める。

　研修プログラムⅣの目的として，研修プログラムの内容を理解して実践することができているかを振り返り，〔自己分析〕をすることで【自己理解】と〔他者理解〕を促進させ，〔ソーシャルサポート〕の重要性について確認をする。自己の課題について見出し，分析を行い今後の課題として目標などを設定して次の研修プログラムのクールに備える。

　また，個別面談では，第三者である心理の専門職に職場内での人間関係や仕事面での悩みなどを聴いてもらうことで，〔ストレスの軽減〕を図り〔バーンアウトの予防〕につなげることを目的とする。

　健康状況調査Ⅰ・Ⅱでは，各研修プログラムの前に健康状況調査Ⅰ・Ⅱを実施し，自己のストレスとバーンアウトの状況を知ることで【自己理解】を深め，自己のこころの健康に注意を向けることができるようにすることを目的とする。

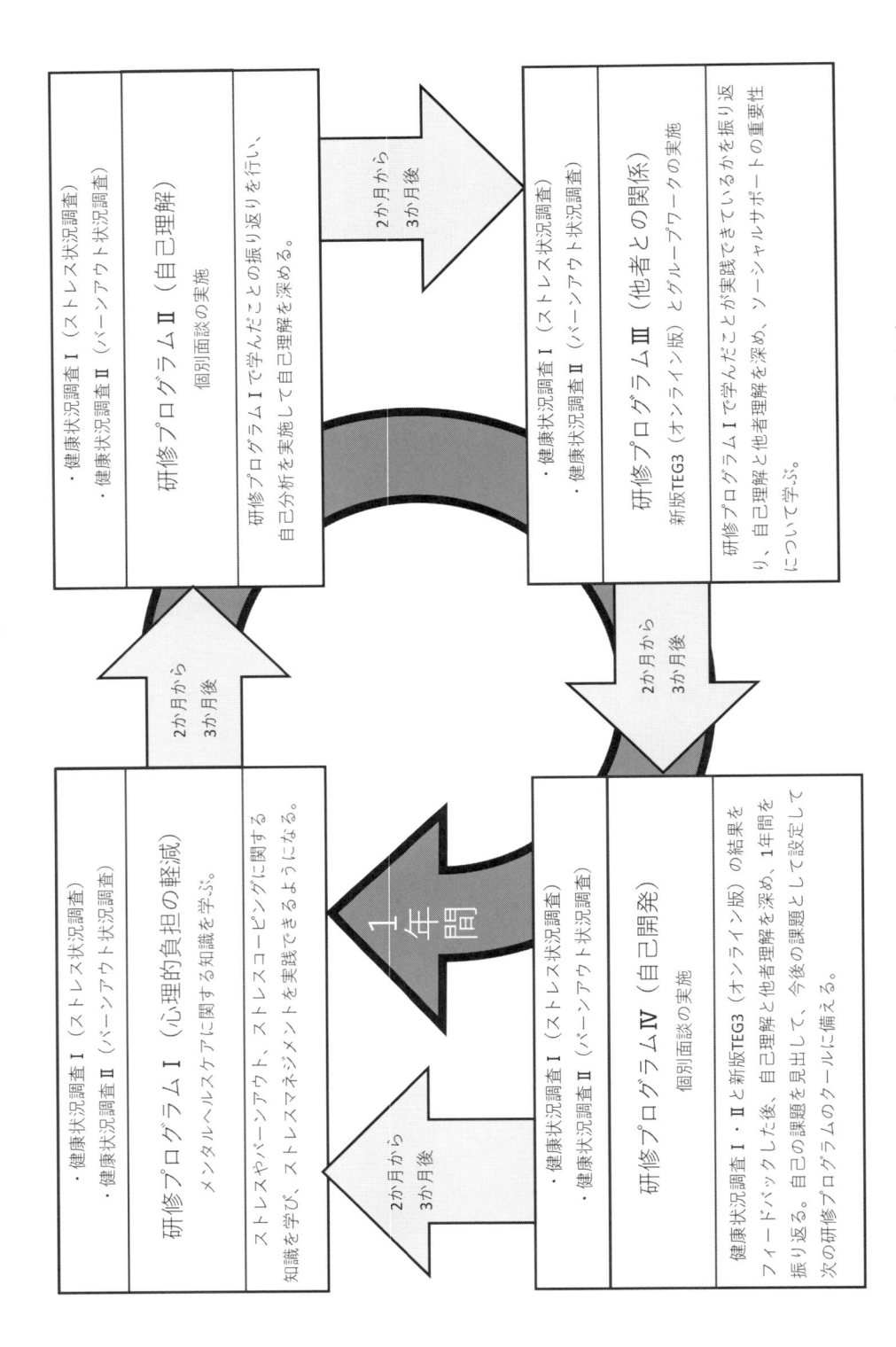

図8−2 新メンタルヘルスケア研修プログラムスケジュール（筆者作成 2023）

おわりに

　今回の研究において，オンラインメンタルヘルスケア研修を受講したある参加者が苦手な職員に対して「まあ，しゃあないかぁ」と思えるようになったと聴いた時に，介護職員には，この気持ちが重要な意味を持つと気づかされた。この「まあ，しゃあないかぁ」はこころに少しだけ余裕ができたことで冷静に相手を受け止めることができるようになったのではないかと考える。こころに少しだけ余裕があることが，ストレスの軽減になり，バーンアウトを予防し，離職や利用者への虐待を防止することにつながるのではないかと推察する。

　新な知見にて構築することができた，新メンタルヘルスケア研修プログラムにおいては，その時代のニーズに即した研修内容になるようバージョンアップし続けることも重要である。

　本研究では，高齢者介護現場で働く介護職員へ焦点を当て研究を行ってきたが，今後は障がい児・者分野や児童分野で従事する職員に対してもメンタルヘルスケア研修を実践することができるように啓発活動を行い，この研究が多くの対人援助職の一助となるように研鑽を続けていきたい。なお，第1章　第3節「本研究の目的と構成」にて述べたように，本論では行動面のストレス反応について取り上げておらず，今後は行動面のストレス反応についても探究していきたい。

　なお，本書は博士論文を加筆修正したものである。

謝　辞

　論文をまとめるにあたり，先ず感謝申し上げねばならないのは，仁愛大学大学院　特任教授／同朋大学大学院　客員教授　博士（心理学）　目黒達哉先生である。目黒先生には，修士課程から8年間いつも優しく時に厳しく，ご指導を賜った。次に，同朋大学大学院教授　博士（文学）　石牧良浩先生には，統計データ分析の際，いつも丁寧にわかりやすくご指導をいただいた。東京福祉大学　教授　社会福祉学部長，同大学院社会福祉学研究科長　博士（経済学）　伊東眞理子先生には，人間福祉研究科時代から10年にわたり，啓発激励を賜り，今日まで導いていただいた。元同朋大学大学院教授　博士（医学）　大住誠先生には，研究室に相談に伺う度に笑顔で親身にしてくださった。

　記して，ここに心より感謝申し上げたい。

　加えて，同朋大学大学院目黒ゼミの皆様には，多くの貴重な意見をいただいた。そして，本研究の基礎調査となった介護職員ストレス状況調査，主題となるオンラインメンタルヘルスケア研修に協力いただいた介護職員の皆様へ心より感謝申し上げる。

　最後に，本書の刊行にあたり，黎明書房の伊藤大真様をはじめ編集部の皆様にひとかたならぬお世話をいただいた。

　ここに心より感謝を申し上げる。

　2025年3月

近藤重晴

引用・参考文献

赤羽克子（2016）．介護職員とストレス－ストレス尺度を用いた分析－．地域ケアリング，Vol.18, No.8, 49-51.

赤羽克子（2017）．介護職員のメンタルヘルス対策について－ストレス調査の結果から－．地域ケアリング，Vol.19, No.7, 57-60.

赤羽克子（2018）．介護職員のストレスへのソーシャルサポートの必要性．地域ケアリング，Vol.20, No.13, 103-108.

安次富郁哉（2011）．介護保険施設介護職員の心身健康度．沖縄国際大学人間福祉研究，Vol.9, No.1, 1-20.

Astrom, S., Waxman, H. M., & Norberg, A.（1991）．Wish to transfer other job among longterm care wokers．Aging, Vol.3, No.3, 247-256.

畦地良平・北村世都・内藤佳津雄（2020）．介護職員におけるバーンアウトとワークエンゲイジメントの関係性：仕事の要求度 - 資源（JD-R）モデルによる検討．老年社会科学，Vol.42, No.3, 188-199.

千草篤麿（2015）．特別養護老人ホーム職員にみられるメンタルヘルスの実態－介護職員の精神健康調査（ＧＨＱ）から－．高田短期大学介護・福祉研究, No.1, 1-8.

張允楨・長三紘平・黒田研二（2007）．特別養護老人ホームにおける介護職員のストレスに関する研究－小規模ケア型施設と従来型施設の比較－．老年社会学, Vol.29, No.3, 366-374.

中央法規出版編集部編（2013）．社会福祉用語辞典．中央法規出版.

Freudenberger, H. J.（1974）．Staff burnout. Journal of Social Issues, Vol.30, 159-165.

古市孝義（2017）．介護福祉士の感情労働とストレスに関する一考察．人間関係学研究：大妻女子大学人間関係学部紀要, Vol.19, 155-160.

古川和稔（2012）．特別養護老人ホーム介護職員のバーンアウトに関する要因－職場の人間関係と専門性の認識に焦点をあてた施設単位での分析－．保育・教育・研究（宇都宮共和大学），No.10, 31-45.

古川和稔（2015）．介護職員のストレス．日本労働研究雑誌，No.658, 26-34.

古川和稔・井上善行・小平めぐみ・野村晴美・藤尾裕子（2014a）．介護職員の現状（第 1 報）感情労働がバーンアウトに与える影響．JSCI 自立支援介護学, Vol.7, No.2, 114-121.

古川和稔・井上善行・小平めぐみ・野村晴美・藤尾裕子（2014b）．介護職員の現状（第 2 報）「現在の職場の認識」がバーンアウトに与える影響．JSCI 自立支援介護学, Vol.7, No.2, 122-128.

藤田哲也・串崎真志（2016）．絶対役立つ臨床心理学－カウンセラーを目指さないあなたにも－．ミネルヴァ書房.

Heine, C. A.（1986）．Burnout among nursing home personnel. Journal of Gerontological Nursing, Vol.12, No.3, 14-18.

廣野雅子（2018）．特別養護老人ホーム介護職員のストレスと仕事満足度：Sense of Coherence の視点に注目した質的研究．Bulletin of Koriyama Women's University, Vol.54, 223-238.

Hochschild, A.（1983）．The Managed Heart: Commercialization of Human Feeling. University of California Press.

Hobday, J. V., Savik, K., & Smith, S.（2010）．Feasibilty of internet training for care staff of residents with dementia．J. Gerontol. Nurs, Vol.36, No.4, 13-21.

Holmes, T. H. & Rahe, R. H.（1967）．The social readjustment rating scale．Journal of Psychosomatic Research, 11, 213-218.

堀内泉・髙野惠子（2021）．高齢者介護に従事する介護職員の感覚処理感受性および介護感・バーンアウト・離職に関する検討．甲子園短期大学紀要，No.39, 31-37.

堀内ゆかり・志和恵・堀内雅弘（2010）．特別養護老人ホームに勤務する介護職員の職業ストレスと精神的健康－勤務年数による影響．北海道医療大学心理科学部紀要，No.6, 53-58.

堀田聰子（2010）．介護保険事業所（施設系）における介護職員のストレス軽減と雇用管理．社会保障研究，Vol.46, No2, 150-163.

井村弘子（2005）．介護職員のメンタルヘルス－職場環境とバーンアウトとの関連－．沖縄大学人文学部紀要，No.6, 79-89.

池田勝昭・目黒達哉　共編（2010）．こころのケア：臨床心理学的アプローチ．学術図書出版社.

伊東英章（2014）．介護老人福祉施設における介護職員の日常的なストレスとその対応．龍谷大学大学院文学研究科紀要，No.36, 43-58.

伊藤薫・山崎喜比古・大西信行・萩典子・豊田妙子・春名誠美・荻野妃那（2017）．認知症介護施設職員のストレス対処力（SOC）向上と職場環境づくりプログラム開発過程とプロセス評価研究．日本認知症ケア学会誌，Vol.16, No.3, 617-630.

伊東眞理子（2002）．高齢者の終末介護期における生命倫理問題－自己決定のあり方．同朋大学論叢，No.85・86, 1-10.

伊東眞理子（2007）．要支援・介護高齢者に対する「予防介護」に関する一考察．同朋大学論叢，No.91, 1-17.

伊東眞理子（2009）．「高齢化社会」分析のためのマクロ基礎理論－人口問題を中心に．同朋大学論叢，No.93, 1-22.

伊東眞理子（2011）．高齢者福祉政策の研究－居住問題を中心として．黎明書房.

伊藤弓月・美濃陽介・吉田香（2021）．介護職員の勤務実態調査：職業性ストレス簡易調査票を用いた調査から－施設介護職員と訪問介護職員の比較－．青森中央短期大学研究紀要，No.34, 23-30.

稲谷ふみ枝（2008）．きちんとストレス管理　介護職員のためのストレスマネジメント．全国社会福祉協議会.

稲谷ふみ枝・打和登（2017）．きちんとストレス管理－介護職員のセルフケアから職場復帰支援まで－．全国社会福祉協議会．一般社団法人日本ソーシャルワーク教育学校連盟（2021）．最新社会福祉士養成講座2　高齢者福祉論．中央法規出版.

片山和男（2017）．ストレス社会とメンタルヘルス．樹村房.

川喜田二郎（1967）．発想法－創造性開発のために－．中公新書.

川喜田二郎（1996）．KJ法－渾沌をして語らしめる－．中央公論新社.

河村諒（2013）．高齢者施設における介護職員のバーンアウトに影響を与える死生観の検討．Hospice and Home Care, Vol.21, No.3, 303-309.

河村諒（2021）．介護職員のバーンアウトに関する研究と今後の展望．関西福祉科学大学EAP研究所紀要，Vol.15, 23-27.

金慧英・石川久展（2019）．介護職員のバーンアウト要因についての一考察－職場環境の管理体制に着目して－．Human Welfare, Vol.11, No.1, 109-117.

公益財団法人介護労働安定センター（2020）．令和元年度　介護労働実態調査．公益財団法人介護労働安定センター．

公益財団法人介護労働安定センター（2022）．令和3年度　介護労働実態調査．公益財団法人介護労働安定センター．

厚生労働省（2000）．21世紀における国民健康づくり運動（健康日本21）について．厚生労働省．

厚生労働省（2015）．労働者の心の健康の保持増進のための指針．厚生労働省．

厚生労働省（2015）．2025年に向けた介護人材にかかる需給推計について．厚生労働省．

厚生労働省（2016）．職業性ストレス簡易調査票．厚生労働省．

厚生労働省（2018）．介護員養成研修の取扱細則について　老振発0330第1号．厚生労働省．

厚生労働省（2019）．介護分野の現状等について．厚生労働省．

厚生労働省（2021）．第8期介護保険事業計画に基づく介護職員の必要数について．厚生労働省．

厚生労働省（2021）．令和2年度「高齢者虐待の防止，高齢者の養護者に対する支援等に関する法律」に基づく対応状況等に関する調査．厚生労働省．

厚生労働省（2022）．令和3年度「高齢者虐待の防止，高齢者の養護者に対する支援等に関する法律」に基づく対応状況等に関する調査．厚生労働省．

近藤重晴（2021a）．高齢者介護現場における介護職員のストレス状況調査に関する研究－施設，サービス種別による比較検証から見えてくること－．人間学研究, No.19, 19-26.

近藤重晴（2021b）．高齢者介護現場における介護職員のストレスに関する研究－身体面の反応に着目をして．閲蔵, No.16.17, 93-118.

近藤重晴（2023）．介護職員に向けたオンラインメンタルヘルスケア研修プログラムの構築に関する研究．閲蔵, No.18, 79-94.

久保真人（2004）．バーンアウトの心理学－燃え尽き症候群とは．サイエンス社．

久保真人（2007）．バーンアウト（燃え尽き症候群）－ヒューマンサービス職のストレス．日本労働研究雑誌, Vol.49, No.1, 54-64.

Lazarus, R. S.（1991）．Emotion and Adaptation. New York Oxford University Press.

Lazarus, R. S., & Folkman, S.（1984）．Stress, Appraisal, and Coping. Springer. ／本明寛・春木豊・織田正美（監訳）（1991）．ストレスの心理学：認知的評価の対処の研究．実務教育出版, p.309.

Lyman, K. A.（1989）．Day care for persons with dementia: the impact of physical environment on staff stress and quality of care. Gerontologist, Vol.29, No.4, 557-560.

Maslach, C., & Jackson, S. E.（1986）．Maslach Burnout Inventory Manual, 2nd ed. Consulting Psychologists Press.

目黒達哉（2017）．傾聴に関する臨床心理学的研究－傾聴感，特に聴いてもらえた感の質的検討－．同朋大学心理臨床実践研究, No.2, 17-24.

目黒達哉（2019）．傾聴ボランティアの臨床心理学的意義とその養成．樹村房．

目黒達哉（2022）．「カウンセラーとクライエントの関係性」．資料．

宮﨑章夫（2016）．介護現場の問題に即したストレスマネジメント教育の試み（1）問題発見を重視した学習会の立ち上げ．人文コミュニケーション学科論集，No.20，157-172.

宮﨑章夫（2017）．介護現場の問題に即したストレスマネジメント教育の試み（2）発見した問題に対応した学習会の展開．人文コミュニケーション学科論集，No.22，147-162.

Mobily, P. R., Maas, M. L., Buckwalter, K. C. (1992). Staff stress on an Alzheimer's unit. J. Psychosoc. Nurs. Ment. Health Sere, Vol.30, No.9, 25-31.

長三紘平・黒田研二（2007）．特別養護老人ホームにおける小規模ケアの実施と介護職員のストレスの関係．厚生の指標，Vol.54，No.10，1-6.

内閣府（2020）．令和 2 年度版　高齢社会白書．内閣府．

内閣府（2021）．令和 3 年度版　高齢社会白書．内閣府．

内閣府（2022）．令和 4 年度版　高齢社会白書．内閣府．

内閣府（2023）．令和 5 年度版　高齢社会白書．内閣府．

中村誠司・水上勝義（2018）．従来ユニット型施設介護職員のストレスと個人要因に関する調査研究：職業性ストレスやストレス反応に関連する項目の比較検討，高齢者ケアリング学研究会誌，Vol.8，No.2，22-33.

中西正人（2011）．認知症ケアにおける介護職員が受けるストレスに関する研究：介護拒否によって生じる心理的ストレス反応．東洋大学大学院紀要，No.48，181-198.

野村敬子・加納舞（2016）．介護職員の笑顔訓練がストレスに及ぼす影響．中部学院大学・中部学院大学短期大学部研究紀要，No.17，81-89.

小野寺敦志・畦地良平・志村ゆず（2007）．高齢者介護職員のストレッサーとバーンアウトの関連．老年社会科学，Vol.28，No.4，464-475.

小野寺敦志（2015）．介護職員の離職を考える－メンタルヘルスと人材育成の視点から－．老年社会科学，Vol.37，No.3，341-346.

大井修三・杉浦昌子（2010）．施設介護職員のストレス対処行動および施設の組織的特性が精神的健康に及ぼす効果．岐阜大学教育学部研究報告．人文科学，Vol.59，No.1，191-198.

Rogers, C. R. (1957). The necessary and sufficient conditions of therapeutic personality Change. In H.Kirshenbaum, & V. L. Henderson (Eds.) (1989). The Carl Rogers reader, New York:Houghton Mifflin, pp.219-235.

Rutter, M. (1985). Resilience in the Face of Adversity.Protective Factors and Resilience to Psychiatric Disorder. British Journal of Psychiarty, Vol.147, 598-611.

桜井昭夫（2013）．燃え尽き症候群．氏原寛・亀口憲治・成田善弘・東山紘久・山中康裕　共編（2013）．心理臨床大事典．培風館．pp.924-925.

佐々木さち子・北村愛子（2017）．介護老人福祉施設における介護職員のストレスとその対応：日常の介護業務を通して．身延山大学仏教学部紀要, No18, 51-61.

佐藤英晶（2018）．福祉人材確保に関する研究試論－介護人材の確保を中心に－．帯広大谷短期大学紀要，No.55, 45-53.

澤田有希子（2007）．高齢者福祉施設介護職員のバーンアウト因果モデルに関する実証的研究－多母集団の同時分析を用いたモデル構造の男女差の検討－．社会福祉学，Vol.47，No.4，136-148.

Selye, H.（1936）. A syndrome producted by diverse nocuous agents. Nature, Vol.138, 32.

Selye, H.（1983）. The strees concept: Past,present,and future. In C. L. Copper（Ed.）, "Stress Research," John Wiley & Sons.

芝垣正光・目黒達哉・石牧良浩　編著（2018）. 現代心理学の基礎と応用：人間理解と対人援助 改訂. 樹村房.

杉原俊二（2003）. 介護職員の健康とストレス－施設間格差. 吉備国際大学保険福祉研究所研究紀要, No.4, 27-35.

祐宗省三（2007）. Ｓ－Ｈ式レジリエンス検査手引書. 竹井機器工業株式会社.

鈴木聖子（2008）. 介護職員のライフサイクルとストレスマネジメント（特集介護におけるモチベーションとストレスマネジメント）. 介護福祉：介護専門職雑誌, No.69, 33-48.

高橋恵（2013）. 介護職員のストレスに関する要因と教育研修の介入効果. ストレス科学, Vol.27, No.4, 401-409.

高尾公矢・赤羽克子・宇佐美尋子（2015）. 介護職員のストレスと職場環境に関する研究：ストレス尺度を用いた年代比較分析. Bulletin of Seitoku University, bulletin of Seitoku University Junior College, No.26, 9-15.

高良麻子（2003）. 特別養護老人ホーム職員のバーンアウトに関する研究（1）－バーンアウトの予防を目指して－. 東京家政学院大学紀要, No.43, 85-92.

田辺毅彦・長田久夫（2021）. 特別養護老人ホームにおけるユニットケア研修と介護職員のバーンアウトの関連. 応用老年学, Vol.15, No.1, 48-57.

田邊直紀（2019）. 研究報告のための統計学－多群データの検定－. 日本顎咬合学会誌　咬み合わせの科学, Vol.39, No.1.2, 62-77.

田中康雄（2016）. 介護付有料老人ホーム職員における健康面の生活の質及びストレスの特徴とその関連性. 人間関係学研究, Vol.21, No.1, 25-38.

田中康雄（2020）. 施設形態別の介護老人福祉施設における介護職員の職業性ストレスの差異の検討. 人間関係学研究, Vol.25, No.1, 43-52.

寺下貴美（2011）. 第7回 質的研究方法論－質的データを科学的に分析するために－. 日本放射線技術学会雑誌, Vol.67, No.4, 413-417.

東京大学医学部心療内科 TEG 研究会編（2019）. 新版 TEG3（オンライン版）. 金子書房.

津田彰・磯博行・Fieldman, G.（1994）. ストレスの精神薬理－パーソナル・コントロールの生物学的基礎－. 老年精神医学雑誌, Vol.5, No.11, 1311-1319.

津田彰・片柳弘司（1996）. ストレス－コーピング過程と心理生物学的ストレス反応との関連性. 行動医学研究, Vol.3, No.1, 1-7.

氏原寛・亀口憲治・成田善弘・東山紘久・山中康裕　共編（2013）. 心理臨床大事典. 培風館.

渡邉健・石川久展（2012）. 高齢者介護施設に従事する介護職員のバーンアウトに与える影響：組織の支援体制を中心として検討. Human Welfare, Vol.4, No.1, 17-26.

山岡和弘・近藤舞・國定美香・住居広士（2020）. 特別養護老人ホームにおける介護職員の認知症ケアに携わることによるストレスの研究. 介護福祉研究, Vol.27, No.1, 13-17.

横山さつき（2019）. 介護職員による不適切ケアの発生に関する要因の検討. 高齢者虐待防止研究, Vol.15, No.1, 40-52.

別紙資料1　オンラインメンタルヘルスケア研修Ⅰ

スライド1

オンラインメンタルヘルスケア研修Ⅰ

2022年6月12日（日）
近藤　重晴

スライド2

今日の研修内容

1. ストレスってなに。

2. バーンアウトってなに。

3. あなたのストレスとなっている
　　　　　　　　ことは何ですか。

スライド3

第　1　部

1. ストレスってなに。
2. バーンアウトってなに。

スライド4

1. ストレスってなに。

スライド5

　イライラや胃痛、不眠などの心身に現れる反応を「ストレス反応」といいます。
　このストレス反応を引き起こす刺激を「ストレッサー」といいます。
　両方の意味を含んで「ストレス」といいます。

スライド6

　同じストレッサーにさらされたとしても、個人の対処能力やそれらに対する認知的評価が異なれば、ストレスとしての意味合いも変わります。
　ストレス状況には個人差があります。

スライド7

　ストレスというと、対人関係トラブル、仕事や勉強のプレッシャー、体調不良など悪い状況や嫌な状況ばかりが思い浮かびます。

スライド8

　しかし、進学、就職、結婚、子供の誕生や昇進などの人生の節目となるような、うれしい出来事においても大きなストレスが発生します。
この出来事をライフイベントといいます。

では、社会的再適応評価尺度（Holmes & Rahe, 1967）を利用して、過去1年間のライフイベントを振り返ってみましょう。
過去1年間に起こったライフイベントにチェックをしてストレス度の合計値を計算します。

9

ストレス値合計得点と疾患の発生
図略

10

ユーストレス（良いストレス）

ディストレス（悪いストレス）

11

オーバーストレス
（ストレスの負荷量が多い状態）

アンダーストレス
（ストレスの負荷量が少ない状態）

12

個人にとって最適なストレス状況をオプティマルストレスといいます。
オプティマルストレスを受けられる状態であることが心身を活性化し、健康度を高めることになります。

13

ストレスの四つの基本型
図略

14

ストレス状況の流れとストレス反応

15

①ストレッサー
ストレス反応を引き起こす刺激。
外的刺激と内的刺激があります。

16

②認知的評価
　同じ職場環境、同じ職務内容であって
もストレスと感じる人もいれば、さほ
どストレスと感じない人もいます。
仕事や問題をどの様にとらえるかは
個人差があります。

17

③情動
　外的刺激と内的刺激からの刺激に
対する心の動き。
　（認知的評価に対する心の動き）

18

④対処行動
　刺激に対して、解決、予防、回避
する行動。

⑤対処社会的支持
　刺激に対して、周りの環境によって、
解決、予防、回避する行動。

19

⑥身体反応
　・胃痛・発疹・抜け毛・腰痛・頭痛
　・不眠・早期覚醒
　・診断のつきにくい、身体各部の痛み
　　めまい・耳鳴りなど（不定愁訴）
　　など
　・循環器系や免疫系などの疾患

20

⑦心理反応
　・抑うつ
　・怒り
　・不安
　・緊張
　・恐怖
　　など

21

⑧行動反応（１）
　普段は、時間や規則をきちんと守っ
ている人が、たびたび遅刻や無断欠勤、
規則違反をするようになる。
度が過ぎた飲酒・喫煙・浪費。
他人に対する非難や敵意。

22

⑧行動反応（２）
　拒否や引きこもり傾向。
つめや鉛筆をかむ。
犯罪や自己破壊行動に陥ることも。
環境に耐えられなくなりドロップアウ
トしてしまう。

23

トランスアクショナル・モデル・
ストレスの個体差
図略

24

2．バーンアウトってなに。

25

マスラックら（1986）の定義
「人間を相手とする仕事に従事している人たちに生じる。脱人格化、個人的達成感の減退、情緒的消耗感をともなう症候群」

26

脱人格化
　利用者に人間的な態度で接する気持ちがなくなってしまった状態。
　利用者や同僚と接する時間を極力減らし、利用者を人間として見ようとしない様になる。

27

個人的達成感の減退
　自分の仕事に対する自信やコントロールが衰退し、利用者に対する適切な対応ができなくなり、仕事の達成感を得られなくなる。

28

情緒的消耗感
　心身共に疲れ果て、もう何もしたくないという状態となる。
　精神的な消耗感だけでなく、身体的な疲労感も限界となり身体が動かなくなってしまうこともある。

29

バーンアウトに付随する症状として
・抑うつ　・イライラ　・睡眠障害
・しらけた気分　・頭痛　・胃痛
・仕事に関する悪夢　・体力の低下
・漠然とした不安感から落着きがなくなり、決断力が低下し、責任ある仕事への恐れを示すなどがあります。

30

　どんな人がなりやすいのでしょう。

　主に、高度な対人共感性を必要とする対人援助職の人々がなりやすいと言われています（特に完璧主義や権威主義傾向にあって、仕事の結果に対して自分の理想を求める真面目な人）。

31

　利用者との適度な距離をおいて接することに失敗し、利用者の感情動揺に巻き込まれ、疲労が重なる。その結果、自己卑下や仕事拒否に陥り、利用者に対する関心と共感能力の喪失が生じると言われています。

32

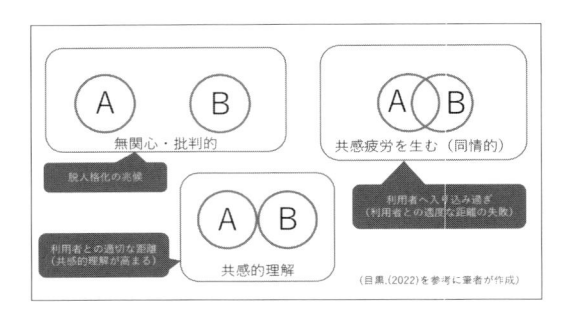

無関心・批判的

共感疲労を生む（同情的）

脱人格化の兆候

利用者へ入り込み過ぎ
（利用者との適度な距離の失敗）

利用者との適切な距離
（共感的理解が高まる）

共感的理解

（目黒.(2022)を参考に筆者が作成）

33

トランスアクショナル・モデル・
ストレスの個体差
図略

34

第　2　部

3.　あなたのストレスとなって
　　いることは何ですか。

35

　今からで30分間、グループワークを
行います。

36

　ご自身のストレスとなっていること
を自由に話しましょう（例えば、職場
での話・家族の話など）。

37

注　意　事　項
　他の人の話を否定的に捉えずに、
受容し共感的に聴きましょう。
　グループワーク内で知り得た個人的
な情報については、集団守秘義務を遵
守して頂き口外しないでください。

38

　グループワークの内容を録音・録画
しないでください。
　他の人の迷惑となる行為は、行わな
いようにしましょう。

39

グループワークを始めましょう。

40

まとめ

41

言語化して外に出すことでストレスの軽減となります。また、他の人に聴いてもらったり、他の人のストレスを聴くことで、自分だけではないんだとの共感性が生まれます。

42

次回のストレス対処方法を学ぶ前に自分自身の事を知りましょう。
自分自身の事を知ることを自己覚知といいます。

43

自分自身の事を知ることでストレスへの対処方法も変わりますし、行いやすくなります。
今からそのために、
新版TEG3検査を行います。

44

ご清聴ありがとうございました。

45

引用・参考文献
・稲谷ふみ枝（2008），「きちんとストレス管理
　　介護職員のためのストレスマネジメント」，全国社会福祉協議会．
・稲谷ふみ枝・打和登（2017），「きちんとストレス管理
　　－介護職員のセルフケアから職場復帰支援まで－」，全国社会福祉協議会．
・Holmes,T.H. & Rahe, R.H.（1967）．The social readjustment rating scale.
　　Journal of Psychosomatic Research, 11, 213-218.
・片山和男（2017），「ストレス社会とメンタルヘルス」，樹村房．
・久保真人（2004），「バーンアウトの心理学-燃え尽き症候群とは」，サイエンス社．
・Lazarus,R.S.（1991）．Emotion and Adaptation. New York Oxford University Press.
・Lazarus,R.S. & Folkman,S.（1984）．／ 本明寛・春木豊・織田正美（監訳）
　　（1991），「ストレスの心理学」，実務教育出版．
・Maslach,C & Jackson,S.E.（1986），Maslach Burnout Inventory Manual, 2nd ed.
　　Consulting Psychologists Press.

46

引用・参考文献
・目黒達哉（2022），「カウンセラーとクライエントの関係性」，資料．
・Selye,H.（1936），A syndrome produced by diverse nocuous agents.
　　Nature, 138, p32.
・Selye,H.（1983），The strees concept:Past,present,and future.
　　In C.L.Copper(Ed.),"Stress Research,"John Wiley & Sons.
・東京大学医学部心療内科TEG研究会編（2019），新版TEG3（オンライン版），
　　金子書房．
・津田彰・磯博行・Fieldman.G.（1994），ストレスの精神薬理－パーソナル
　　・コントロールの生物学的基礎－，老年精神医学雑誌，Vol.5, No.11, 1311-1319.
・津田彰・片柳弘司（1996），ストレスコーピング過程と心理生物学的ストレス反応
　　との関連性，行動医学研究，Vol.3，No.1，1-7.
・氏原寛（共編）（2014），「心理臨床大事典」，培風館．

47

別紙資料2　オンラインメンタルヘルスケア研修Ⅱ

スライド1

オンラインメンタルヘルスケア研修Ⅱ

2022年7月10日（日）
近藤　重晴

スライド2

今日の研修内容

1. 前回の復習。

2. ストレスの対処方法を学ぼう。
   ・ストレスコーピングってなに。
   ・ソーシャルサポートの大切さ。

3. あなたのストレス解消方法はなんですか。

スライド3

第　1　部

1. 前回の復習。

2. ストレスの対処方法を学ぼう。
   ・ストレスコーピングってなに。
   ・ソーシャルサポートの大切さ。

スライド4

1. 前回の復習。

スライド5

トランスアクショナル・モデル・
ストレスの個体差
図略

スライド6

バーンアウトの特徴的な症状
・脱人格化
・個人的達成感の減退
・情緒的消耗感

スライド7

ストレスの四つの基本型
図略

スライド8

　個人にとって最適なストレス状況を
オプティマルストレスといいます。
　オプティマルストレスを受けられる
状態であることが心身を活性化し、健
康度を高めることになります。

2. ストレスの対処方法を学ぼう。

　・ストレスコーピングってなに。
　・ソーシャルサポートの大切さ。

9

・ストレスコーピングってなに。

10

　ストレッサーによるストレス反応を軽減するための試みや行動を「ストレスコーピング」といいます。

11

ストレスコーピングには、
問題焦点型コーピングと
情動焦点型コーピングがあります。

12

・問題焦点型コーピング。

13

　問題焦点型コーピングとは、ストレッサー自体の解決を目指すものです。
　仕事や人間関係における問題に積極的に取り組み、問題を解決する方法です。
　ストレッサーと直接向き合うことで、ストレス状況を変化させます。

14

・仕事の問題を解決できるように、研修会などに参加したりして、仕事のスキルを向上させる。
・ケンカした人と仲直りするなど。

15

　その結果、不安や焦りなどが解消され、ストレス耐性の強化へと繋がります。

16

・情動焦点型コーピング。

17

　情動焦点型コーピングとは、ストレッサーから生じる情動的な混乱を解消しようとするものです。
　気晴らしや気分転換などによってストレッサーの捉え方を変化させます。

18

・家族や友人に愚痴を聴いてもらう。
・趣味や運動をする。
・掃除する。
・ペットと触れ合う。
・問題解決をあきらめるなど。

19

　リラックスできる環境を作り、問題から目をそらしたり、棚上げしたり、忘れる．．．ことができるように心掛ける。

20

・ソーシャルサポートの大切さ。

21

　ソーシャルサポートとは、ストレスを和らげるのに役立つ対人関係のことです。
　対人関係を通して自分が尊重され、価値ある存在であるという気持ちが得られるようになります。

22

バーンアウトを予防するには、
　　ソーシャルサポートが大切です。

23

ソーシャルサポートには、
　　４つのサポートがあります。

24

情緒的サポート
バーンアウトの兆候がある人の話を傾聴したり励ましたりして支える。

評価的サポート
仕事への適切な評価をする。仕事に対しての労りの言葉をかける。

バーンアウトの兆候がある職員

道具的サポート
仕事がいっぱいいっぱいな人の仕事を分担したりして手助けする。

情報的サポート
仕事で困ってそうな時は、手助けとなりそうな情報を提供したり、助言をする。

25

他の人のバーンアウトの兆候に気づく
・今までなかった遅刻や欠勤が続く。
・無責任な言動をするようになる。
・利用者や他の職員との交流を避けるようになる。
・態度が冷ややかになる。
・突然怒りだすようになる　など。

26

　バーンアウトの兆候がみられる人に対して、声を掛けたり、話を聴く時間を作り、情緒的なサポートを心掛ける。
　理解してもらえた、支えられていると認識することでバーンアウトの予防になります。

27

　バーンアウトを予防するには、職場内のソーシャルサポートが重要です。
　バーンアウトの兆候は、本人が感じることは難しいです。周りが気付いて声をかけることが大切です。

28

　ソーシャルサポートを受けるには上司はもちろんですが、職員同士においてもお互いに支え合えることが大切です。
　相談しやすい職場の環境作りと職員一人ひとりがソーシャルサポートを心掛けることが大切です。

29

第　2　部

3.　あなたのストレス解消方法
　　　　　　　　　はなんですか。

30

　今から30分間、グループワークを行います。

31

　ご自身のストレス解消方法を自由に話しましょう（例えば、カラオケ、散歩、ペットと触れ合う、友だちとのランチ、キャンプなど）。

32

スライド33

注　意　事　項

　他の人の話を否定的に捉えずに、受容し共感的に聴きましょう。
　グループワーク内で知り得た個人的な情報については、集団守秘義務を遵守して頂き口外しないでください。

33

スライド34

　グループワークの内容を録音・録画しないでください。
　他の人の迷惑となる行為は、行わないようにしましょう。

34

スライド35

グループワークを始めましょう。

35

スライド36

　皆さんのストレス解消方法を
　　　　　聴いていきましょう。

36

スライド37

私のストレス解消方法
・お笑い番組を見て、涙が出るほど笑う。

・旅行に出かける。
　　　（コロナで全くできていません）
・ペットのウサギと触れ合う。

37

スライド38

ま　と　め

38

スライド39

　参考になったストレス解消方法はありましたでしょうか。
　皆さんもご自身にあったストレス解消方法を見つけて、スッキリする感覚や癒やされる感覚が大切です。

39

スライド40

ストレスの四つの基本型
図略

40

心の健康＝身体の健康

41

身心が健康な人ほど
ストレス耐性が強化されます。

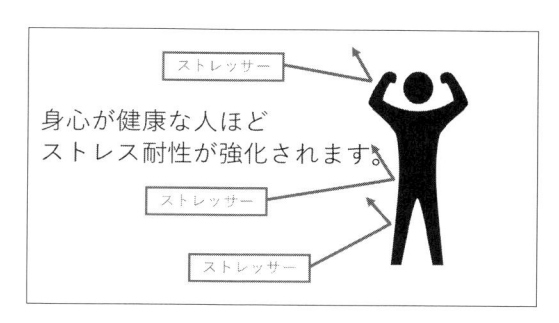

ストレッサー

ストレッサー

ストレッサー

42

健康的な身体と
柔軟な心が大切です。

43

規則正しい生活と自分自身で心の健康状態を意識し、心の健康を維持するように心掛けておくことが大切です。

44

ご清聴ありがとうございました。

45

引用・参考文献
・稲谷ふみ枝（2008），「きちんとストレス管理
　　介護職員のためのストレスマネジメント」，全国社会福祉協議会．
・稲谷ふみ枝・打和登（2017），「きちんとストレス管理
　　－介護職員のセルフケアから職場復帰支援まで－」，全国社会福祉協議会．
・Holmes,T.H. & Rahe, R.H.（1967）．The social readjustment rating scale.
　　Journal of Rsychosomatic Research, 11, 213-218.
・片山和男（2017），「ストレス社会とメンタルヘルス」，樹村房．
・久保真人（2004），「バーンアウトの心理学-燃え尽き症候群とは」，サイエンス社．
・Lazarus,R.S.（1991），Emotion and Adaptation．New York Oxford University Press.
・Lazarus,R.S. & Folkman,S.（1984），／　本明寛・春木豊・織田正美（監訳）
　　（1991），「ストレスの心理学」，実務教育出版．
・Maslach,C. & Jackson,S.E.（1986），Maslach Burnout Inventory Manual, 2nd ed.
　　Consulting Psychologists Press.

46

引用・参考文献
・Selye,H.（1936），A syndrome producted by diverse nocuous agents.
　　Nature, 138, p32.
・Selye,H.（1983），The strees concept:Past,present,and future.
　　In C.L.Copper(Ed.),"Stress Research,"John Wiley & Sons.
・津田彰・磯博行・Fieldman,G.（1994），ストレスの精神薬理－パーソナル
　　・コントロールの生物学的基礎－，老年精神医学雑誌，Vol.5, No.11, 1311-1319.
・津田彰・片柳弘司（1996），ストレスコーピング過程と心理生物学的ストレス反応
　　との関連性，行動医学研究，Vol.3, No.1, 1-7.
・氏原寛（共編）（2014），「心理臨床大事典」，培風館．

47

事項索引

人名索引

初出一覧

第1章　研究の背景と目的
書き下ろし

第2章　介護職員のストレス状況調査の分析結果から身体面のストレス反応
「高齢者介護現場における介護職員のストレス状況調査に関する研究－身体面の反応に着目をして－」閣蔵（同朋大学大学院人間学研究科研究紀要）第16・17合併号，93-118，2021.

第3章　介護職員のストレス状況調査の分析結果から心理面のストレス反応
「高齢者介護現場における介護職員のストレス状況調査に関する研究－施設，サービス種別による比較検証から見えてくること－」人間学研究，第19号，19-26，2021.

第4章　介護職員へのメンタルヘルスケア研修の必要性
「介護職員に向けたメンタルヘルスケア研修の構築に関する研究－研修の必要性と在り方について－」人間関係学研究，第28巻，第1号，33-44，2023.

第5章　オンラインメンタルヘルスケア研修プログラムの構築
「介護職員に向けたオンラインメンタルヘルスケア研修プログラムの構築に関する研究」閣蔵（同朋大学大学院人間学研究科研究紀要）第18号，79-94，2022.

第6章　介護職員メンタルヘルスケア研修の構築に関する研究
　　　　　－オンラインメンタルヘルスケア研修の実践と検討－
書き下ろし

第7章　介護職員オンラインメンタルヘルスケア研修実践後の個別事例検討
　　　　　－個別事例検討インタビュー調査－
書き下ろし

第8章　総合考察
書き下ろし

著者紹介
近藤重晴

1974 年愛知県生まれ。社会福祉士・介護支援専門員・公認心理師・臨床心理士。
1997 年，同朋大学社会福祉学部卒業。学士（社会福祉学）。
2016 年，同朋大学大学院人間福祉研究科，人間福祉専攻修了。修士（人間福祉）。
2018 年，同朋大学大学院人間福祉研究科，臨床心理学専攻修了。修士（心理学）。
2024 年，同朋大学大学院人間学研究科，仏教人間学専攻博士後期課程，臨床心理分野修了。
　　　　博士（文学）。

略歴
1997 年～ 2018 年，医療法人三善会，医療ソーシャルワーカー。介護支援専門員。
　　　　　　　　　デイサービスセンター管理者。
2017 年，特定非営利活動法人らいふくらうど障害児通所支援事業ゆう，心理担当職員。
2021 年，特定非営利活動法人らいふくらうど理事。
2019 年，株式会社みーおん，障害児通所支援事業みーおんの森，心理担当職員。
2020 年，一般社団法人愛知県介護福祉士会，心理面接相談員。
2018 年，東京福祉大学非常勤講師。
2019 年，東京福祉大学社会福祉学部助教。
2021 年，東京福祉大学社会福祉学部専任講師。

主な論文
1　「高齢者介護現場における介護職員のストレス状況調査に関する研究－施設，サービス種別による比較検証から見えてくること－」人間学研究，第 19 号，19-26，2021.（中部人間学会）
2　「高齢介護現場における介護職員のストレス状況調査に関する研究－身体面の反応に着目をして－」閲蔵（同朋大学大学院人間学研究科研究紀要），第 16・17 合併号，93-118，2021.
3　「介護職員に向けたオンラインメンタルヘルスケア研修プログラムの構築に関する研究」閲蔵（同朋大学大学院人間学研究科研究紀要），第 18 号，79-94，2022.
4　「介護職員に向けたメンタルヘルスケア研修の構築に関する研究－研修の必要性と在り方について－」人間関係学研究，第 28 巻，第 1 号，33-44，2023.（日本人間関係学会）

介護職員に向けたオンラインメンタルヘルスケア研修プログラムに関する研究－構築・実践・検討－

2025 年 3 月 25 日　初版発行	著　者	近　藤　重　晴
	発行者	武　馬　久　仁　裕
	印　刷	株　式　会　社　太　洋　社
	製　本	株　式　会　社　太　洋　社

発　行　所　　　　　株式会社　黎　明　書　房

〒 460-0002　名古屋市中区丸の内 3-6-27　EBS ビル
☎ 052-962-3045　FAX 052-951-9065　振替・00880-1-59001
〒 101-0047　東京連絡所・千代田区内神田 1-12-12 美土代ビル 6 階
☎ 03-3268-3470

落丁本・乱丁本はお取替えします。　　　　　ISBN978-4-654-07733-5